Kurt Tepperwein

90 Jahre und ein bisschen weise

Kurt Tepperwein

90 Jahre und ein bisschen weise

Sinngebende Impulse
für mehr Erfüllung und Glück

mvgverlag

Bibliografische Information der Deutschen Nationalbibliothek
Die Deutsche Nationalbibliothek verzeichnet diese Publikation in der Deutschen Nationalbibliografie. Detaillierte bibliografische Daten sind im Internet über http://dnb.d-nb.de abrufbar.

Für Fragen und Anregungen
info@mvg-verlag.de

Originalausgabe
1. Auflage 2022

Türkenstraße 89
80799 München
Tel.: 089 651285-0
Fax: 089 652096

Umschlaggestaltung: Manuela Amode
Umschlagabbildung: Shutterstock.com/VAlekStudio
Satz: Achim Münster, Overath
Druck: CPI
Printed in the EU

ISBN Print 978-3-7474-0489-8
ISBN E-Book (PDF) 978-3-96121-879-0
ISBN E-Book (EPUB, Mobi) 978-3-96121-880-6

Wir produzieren nachhaltig
www.m-vg.de

Weitere Informationen zum Verlag finden Sie unter

www.mvg-verlag.de

Beachten Sie auch unsere weiteren Verlage unter www.m-vg.de

Inhalt

Vorwort

Man könnte meinen, das Leben sei ungerecht, weil es uns oft mit schwierigen Situationen und Herausforderungen konfrontiert, die es zu bewältigen gilt. Das Leben ist bestimmt nicht immer leicht, aber Ungerechtigkeit kennt es nicht. Selten läuft alles glatt und Turbulenzen sind unsere ständigen Wegbegleiter. Durch Aufgaben, die knifflig und kompliziert sind, werden wir geschliffen. Wie ein Rohdiamant werden wir geformt und durch jede Erfahrung klarer. Dieses ständige Agieren- und Reagierenmüssen verlangt uns einiges ab. Wir sind dazu aufgefordert, kreativ, aktiv und dynamisch zu sein und zu bleiben. Wer sich weder weiterentwickeln noch in Form kommen will, neigt dazu, in der Überzeugung einer – nicht vorhandenen – Ungerechtigkeit stecken zu bleiben. Das kann zu Verbitterung führen und die eigentliche Süße unseres Daseins überdecken. Diese jedoch ist nicht offensichtlich, sie versteckt sich hinter dem Schein. Entdecken wir den Unterschied zwischen Schein und Sein, denn dazu sind wir hier!

Dass das Leben ungemütlich werden kann, wenn wir gegen den Strom schwimmen, ist nicht verwunderlich. Es lässt sich so manches für uns einfallen, damit Stagnation, Gleichgültigkeit oder Pessimismus überwunden werden können. Es versteht sich von selbst, dass uns etwas vorwärtsschieben, korrigieren und lehren muss, wenn wir vom Kurs abkommen. Wenn wir dem Lebensfluss folgen und unsere Aufgaben wahrnehmen und wertschätzen, wird es plötzlich leicht. Wer sehnt sich nicht nach mehr Leichtigkeit im Leben?

Das Wort »Leichtigkeit« könnte in Zeiten wie diesen manch einem sauer aufstoßen. Verständlicherweise! Leichtigkeit zu bewahren und bei schwierigen Umständen seine Mitte nicht zu verlassen, ist eine Lebensaufgabe, an der man arbeiten muss. Wir sind dazu aufgerufen, dies kontinuierlich zu tun, um von den Wogen des Lebens nicht mitgerissen zu werden. Sonst läuft man Gefahr, im großen Gewässer unterzugehen. Dieses ständige Auf und Ab ist ein Umstand, den man nicht abzulehnen oder zu bekritteln braucht. Wir können die Weltsituation nicht korrigieren, aber uns selbst. Und das ist bereits der erste Schritt zu einer neuen Erde, einer gesünderen Welt.

Kehren wir also zur Menschlichkeit zurück, indem wir die uns innewohnende vorbehaltslose Offenheit wiederbeleben, um frei von Sorgen, Nöten und Ängsten mitten im Leben zu stehen. Wer dem Leben den Rücken kehrt, bemerkt schnell, dass es dasselbe tut. Es kommt in seiner allumfassenden Fülle auf dich zu, wenn du dich ihm vorbehaltlos geöffnet hältst.

Es gibt einige Schlüsselerlebnisse, die mich auf den Weg gebracht und begleitet haben. Letzthin, als mir das in den Sinn kam, sah ich all diese mentalen Möglichkeiten und Hilfsmittel vor mir, die mir dabei geholfen haben, Situationen zu meistern. Sie sind mit Schlüsseln vergleichbar, die eine unsichtbare Türe öffnen. Bewusstwerdungsschritte, die wir tun müssen, um über uns hinauszuwachsen und unser wahres Dasein zu entdecken. Diese sogenannten Schlüssel halfen mir dabei, mich aus alten Gewohnheiten zu lösen und sie hinter mir zu lassen. Sie haben mein Bewusstsein geschärft und entfalteten etwas, das in mir verkümmert war und nur darauf wartete, endlich wieder lebendig zu sein. Wenn sich durch inneres Verstehen eine Türe öffnet, gelangt man zu Treppen, die man hochsteigen kann. Du fragst dich, wozu? Um zu einer weiteren Tür zu gelangen, die sich wiederum öffnet. So können wir uns Tür für Tür und Treppe für Treppe langsam unserer inneren Bestimmung nähern. Dies bedeutet, stets aufs Neue aus Erfahrungen zu lernen sowie zu schauen, wie man sie liebevoll durchleben kann, um so sein Verhalten zu optimieren. Durch eine Türe zu gehen, bedeutet auch, emotionale sowie äußere Hindernisse und Blockaden zu überwinden, um zu neuen Treppen, also Aufgaben und Erfahrungen, zu gelangen, an deren Ende bereits die nächste Entwicklungsstufe winkt. Das Leben ist wie eine Reise, bei der wir Tag für Tag voranschreiten. Es geht immer weiter, und es kommen stets neue Herausforderungen hinzu, die nicht lästig sind, sondern uns dabei helfen zu erwachen.

Es ist die Reise vom Ich zum Selbst, auf der wir uns alle befinden. Willst du die vielen Hilfsmittel, die als eine Art

Schlüssel fungieren, weiterhin ungenutzt liegen lassen? Oder bist du bereit, dein Hiersein zu optimieren und mit Freude und neuem Schwung zu erfüllen? Dann nutze die geistigen Werkzeuge, auf die du immer und überall zurückgreifen kannst. Für jeden ist ein anderes Instrument das richtige und von einem wirst auch du dich angesprochen fühlen. Picke dir dasjenige heraus, das dir zusagt. Vielleicht wirst du sogar mehrere Schlüssel auswählen. Verleihe deinem Leben Würze, damit es schmeckt und du es auskosten kannst. Sag ja! Sag ja zu dir! Sag ja zum Leben!

Da ich dieses Jahr einen runden Geburtstag feiern darf und ins sagenumwobene zehnte Lebensjahrzehnt eintreten werde, haben sich mir folgende Fragen aufgetan: Was wäre, wenn ich auf mein heutiges Wissen bereits vor 70 Jahren hätte zugreifen können? Wäre mein Leben anders verlaufen? Das wäre es wohl, aber wäre es dann auch *mein* Leben gewesen?

Unzählige persönliche, mentale und emotionale Errungenschaften und Erkenntnisse durfte ich über die Jahre hinweg gewinnen, die ich liebend gerne teile. Es geht allerdings nicht darum, dass du meine Einsichten übernimmst, um blindlings etwas nachzueifern. Ändere nichts, was du beibehalten möchtest, und triff solche Entscheidungen, die sich für dich gut anfühlen. Ziehe aber neue Ansätze und Möglichkeiten in Erwägung, die dein Leben bereichern und erleichtern können. Man kann nur Wissensschätze umsetzen, bei denen man eine Resonanz verspürt. Nachmachen, abschauen und vergleichen mögen in der Schule hilfreich sein, aber das Leben muss man aus sich selbst heraus schmieden und meistern. Jedes Meisterstück ist ein Unikat, und wenn du eines Tages so wie ich jetzt auf dein Leben zurückblickst, soll eine Zufriedenheit gegeben sein, die dein Umfeld und dich erfreuen kann. Wir sollten uns gegenseitig nichts aufzwingen oder aufschwatzen, sondern uns inspirieren. Mit dieser Einsicht könnte sich eine neue Tür für dich öffnen, sofern der Schlüssel zu deinem Blickwinkel passt. Ich finde, dass jede Begegnung eine Bereicherung ist. Es gibt immer etwas zu erkennen. Zeigt die Erkenntnis einem, wie man es nicht machen soll, wird man ebenfalls davon profitieren.

Ob du deine Richtung beibehältst oder neue Wege gehst, spielt keine große Rolle. Die Priorität liegt darin, dich wohlzufühlen und dein Leben zu leben. Bedenke, dass dir dein persönlicher Wille im Weg stehen kann und es durchaus Sinn ergibt, sich dem höchsten Willen zu öffnen. Wie heißt es so schön: Der Mensch denkt, Gott lenkt. Die Kommunikation zwischen der universellen Kraft und dir findet auf der Herzensebene statt und heißt Intuition.

Lass dich von nichts und niemandem beeinflussen, und sei stets offen für Optionen, die das Leben dir bietet. Verschließe dich nicht. Nur wer offen ist, sich dem Leben hingibt und ehrlich aufrichtig und authentisch ist, ohne sich zu verbiegen, wird Zufriedenheit und Erfüllung erfahren. Das sind viele Schlüssel auf einmal. Keine Angst, sie werden zum richtigen Zeitpunkt zum Einsatz kommen.

Wünsch dir was

Als Kind wünschte ich mir eine Fee herbei, die mir meine Träume erfüllen und mich vor Kummer und Traurigkeit bewahren sollte. Als ich volljährig wurde, hoffte ich auf einen weisen Menschen, der mich an die Hand nehmen und mich in die Geheimnisse des Lebens einweihen würde. Irgendwo da draußen musste es doch jemanden geben, der weiß, wie man Probleme angehen, seine Ziele erreichen und Wünsche verwirklichen kann. Meine Erwartungen verliefen im Nichts. In meinem Umfeld fand sich niemand, der über solche Eigenschaften verfügte. So nahm ich mir vor, mein Leben selbst in die Hand zu nehmen und voller Vertrauen ins kalte Wasser zu springen. Noch fehlte es an Überzeugung und Mut, mein Innenleben auszuloten. Also legte ich meine mir unbekannte Sehnsucht auf Eis und unternahm vorerst nichts.

Erst Jahre später wagte ich mich an die großen Lebensfragen heran. Was hat es mit dem Sinn des Lebens auf sich? Wie komme ich zu Bewusstsein? Wie kann ich meinen Lebensweg beeinflussen oder steuern? Welche Erkenntnisse helfen mir dabei, mich weiterzuentwickeln? Wo finde ich Glück? Gibt es ein Rezept für Erfolg? Wo beginne ich? Was kann ich tun?

Es gab vieles, worauf ich keine Antwort wusste. Die zahlreichen unbeantworteten Fragen, die in meinem

Kopf herumschwirrten und immer wieder anklopften, brachten mich keinen Schritt weiter. Das war mir in der Zwischenzeit klar geworden. Etwas verunsichert, ob sich diese Fragen überhaupt beantworten lassen, vernahm ich etwas Vertrautes in meiner Brust. Es war zwar nicht vordergründig, machte sich dennoch bemerkbar. Dieses angenehme Gefühl bewegte mich dazu, dranzubleiben und weiterzusuchen. Solange sich meine Suche auf die Welt da draußen begrenzte, tappte ich im Dunklen. Wer sich ausschließlich auf seine Sinne fokussiert und vom Wahrgenommenen ganz vereinnahmen lässt, lebt abgesondert von seiner wahren Identität. Die Erkenntnis, dass das, was ich suchte, immer schon da war, ließ noch auf sich warten.

Ich unterscheide zwischen dem persönlichen Ich und dem unpersönlichen Selbst. Das höchste Selbst, das jedem Menschen innewohnt, ist etwas Großartiges. Es gibt keinen Grund, nicht danach Ausschau zu halten, da wahre Erfüllung in dieser Entdeckung liegt. Wer das persönliche Ich bekämpft und es als Ursache seiner Probleme betrachtet, wird jedoch in einer Sackgasse landen. Wer auf dem Weg vorankommen will, entlarvt das persönliche Ich als Schein, als eine Art Hülle. Dieses persönliche Ich hat sich wie eine schwere Plane um das unpersönliche Ich, das eigentliche Selbst, gelegt, die als solche erkannt (aber nicht entfernt) werden muss. Die Plane gab es bei unserer Geburt noch nicht. Erst im Laufe der Jahre hat sich unser kleines Ich durch die Ausprägung der Sinne verdichtet, die wahre Identität wurde überdeckt. Das persönliche Ich kann man nicht ausmerzen, weil es nicht von Bestand ist. Wir sollten alles, was sich wandelt, hinterfragen, anstatt es als gegeben anzusehen.

Auf dem Weg, Lösungen zu finden oder Veränderungen zu bewirken, neigen wir dazu, immer etwas unternehmen zu wollen. Aber das Tun bietet nicht immer Lösungen. Was tut der Baum, damit sich sein Schatten verändert? Weder bemüht er sich noch trägt er etwas dazu bei, vielmehr hat die Sonne dies zu verantworten. *Sie* hat die Richtung gewechselt! Es geht also nicht ums Tun an sich, sondern um einen Richtungswechsel. Dies scheint die Lösung für Veränderung zu sein.

Ein Richtungswechsel ist immer eine gute Wahl und hat nichts mit einer äußeren Handlung oder Anstrengung zu tun. Der Glaube, dass wir nur im Schweiße unseres Angesichts etwas erreichen, mit schwerer Arbeit und einem enormen Wissensschatz ans Ziel gelangen, ist uns anerzogen worden. Ein Richtungswechsel bedeutet nicht, die Umstände zu ändern, sondern dem Innenleben die notwendige Aufmerksamkeit zu schenken. Nur Sinneswahrnehmungen hinterherzujagen, ist reichlich wenig, wenn man sich weiterentwickeln will. Demjenigen, der sich seiner Innenwelt annimmt, anstatt sich unentwegt von der bewegten Außenwelt hypnotisieren und mitreißen zu lassen, werden unsichtbare Schlüssel offenbar, mit denen sich Türen öffnen lassen. Befolge die Botschaft des

Lebens und richte deinen Blick nach innen, damit du die erste Hürde nehmen kannst. Sobald du die erste Treppe betrittst, schreitest du in deiner Bewusstwerdung voran auf deine nächste Aufgabe zu. Je mehr wir uns unserem eigentlichen Selbst annähern, umso offener wird unser Herz. Wir werden sensitiver und sind weniger fehleranfällig, was so viel heißt, dass intuitives Handeln die Oberhand gewinnt. Inwieweit hat dich dein Denken weitergebracht oder dich dauerhaft glücklich gemacht? Es mag sein, dass du kurzfristige Erfolge erzielen konntest, aber innere Zufriedenheit ist mehr als schneller Erfolg, flüchtige Freude oder Begeisterung. Folge deiner Intuition. Sie ist es, die dich wirklich zufriedenstellt.

Als ich mich dazu entschied, einen Heimlehrgang zum Intuitionstrainer herauszubringen, war mir keineswegs bewusst, dass es so ein großer Erfolg werden würde. Mein Gespür gab mir recht, Intuition ist die Sprache der Seele. Kontinuierliche Bewusstwerdung kann nur bei geringem Gedankenballast geschehen, wenn intuitive Logik die Führung übernimmt. Geschieht dies, übernimmt das Leben die Regie und wird dich nie in die Irre führen.

Erblickt der Mensch die Welt, verfällt er schon nach wenigen Jahren in einen geistigen Tiefschlaf. Auch mit geöffneten Augen ist er nie wirklich wach. Er ist munter – und das ist die Voraussetzung, um zu erwachen. Erwachen ist allerdings kein willentlich gesteuerter Vorgang, sondern basiert auf Erkenntnissen, die nur mittels

Erfahrungen möglich sind. Nach unzähligen Versuchen erreichen wir irgendwann einen Punkt, an dem wir über Begrenzungen hinausgelangen und alte Gewohnheiten und Vorstellungen hinter uns lassen. Bis dahin stehen viele Schritte an, es wird sich so einiges ereignen. Manches werden wir als unangenehm empfinden, einiges schmerzt, verunsichert und nervt. Es gibt aber auch Unzähliges, das guttut und uns einfach nur Freude bereitet. Jeder einzelne Schritt ist notwendig und wertvoll, weil er uns uns selbst näherbringt. Jede Erfahrung ist eine Kür. Als würden wir ein universelles Puzzle zusammenfügen, wobei jeder fehlende Teil Voraussetzung ist, um das Gesamtbild zu vollenden.

Jede Erfahrung bringt uns der inneren Befreiung näher. Wenn wir wüssten, dass hinter jeder Erfahrung bereits die nächste auf uns wartet, würden wir mit der uns zur Verfügung stehenden Zeit eventuell achtsamer umgehen. Die geistigen Hilfsmittel, die uns das Öffnen der Türen, das Durchschreiten und Weitergehen erleichtern, sind enorm wichtig für die Zielerreichung. Eigentlich sind alle Unterstützungen in jedem Moment greifbar und gar nicht so weit weg, wie wir meinen. In sich selbst ankommen – das könnte man auch als die Krönung des Lebens bezeichnen. Was wir auf diesem Weg lernen dürfen, sind unter anderem Geduld, Ausdauer, Achtsamkeit und vieles andere mehr. Schaue nach vorne und nutze deine Stärken, denn du hast mehr davon, als du dir erträumen kannst.

Mentale Stärke nutzen

Unsere Vorstellungskraft, auch Imagination genannt, sowie die Macht der Gedanken an sich können jederzeit und überall zielführend als Werkzeug eingesetzt werden. Dadurch eröffnen sich Möglichkeiten, die uns das Leben erleichtern. Dein Leben ist kein fertig geschriebener Roman, die Seiten *nach* diesem Moment sind leer. Du bestimmst den Verlauf mit, auch wenn die Rahmenbedingungen, wie Ort oder Umstände, auf den vorhergehenden Seiten bereits geschrieben stehen. Die leeren Seiten kannst du beschriften, indem du mit innerer Überzeugung deine Umstände lenkst und deine Ziele klar vor Augen hast. Ist dein Dasein nicht zufriedenstellend, schreib es einfach um, bevor das Leben eine Korrektur vornimmt. Nimm dir diese Botschaft zu Herzen, und nutze diesen Schlüssel geschickt, damit sich eine Türe für dich öffnet. Er basiert auf deiner inneren Einstellung und nicht auf einer äußeren Handlung. Sobald du dir in emotionaler Hinsicht sicher bist, in welche Richtung es gehen soll, kann eine Änderung vonstattengehen. Ein geistiges Gesetz besagt, dass auf jede Ursache eine Wirkung folgt. Eine Ursache kann auch bewusst aktiviert werden. Die Voraussetzung ist, dass man vorher weiß, wie das Ergebnis aussehen soll.

Dass wir die Vergangenheit nicht ungeschehen machen können, ist klar. Aber die Zukunft ist nicht starr und unveränderlich. Sie wird von vielen Faktoren beeinflusst und du bist einer davon. Deine heutigen Gedanken sind die Zukunft von morgen. Demnach ist es in der Gegenwart möglich, durch bewusste Ursachen Einfluss zu nehmen. Dies geschieht, wenn wir dem Leben, zum Beispiel durch Imagination, eine neue Richtung geben. Auf dieses Werkzeug werde ich später noch einmal zurückkommen.

Es gibt für dein Leben nur einen Lebensarchitekten – dich. Wenn Gedanken Zukunft verursachen, wie kraftvoll und stark müssen sie sein? Warum ihre Kraft nicht gezielt nutzen? Jeder kann sich im Hier und Jetzt neu erfinden und alle sind dazu aufgerufen. Bist du dabei?

Wenn man bedrückt und entmutigt in seiner Anspannung verharrt, wird man vergebens auf Veränderung warten. Hoffe nicht darauf, dass irgendwann etwas geschieht, das deine Situation verändert. Gehe bewusst mit deinem Gedankengut um und schenke dem Augenblick Freude. Es gibt gewisse Dinge, die unseren Alltag bestimmen und die wir tun müssen. Wir können sie mit Freude erledigen, mit Widerwillen oder Gleichgültigkeit. Wenn es ohnehin getan werden muss, wäre es nicht besser, es mit einer offenen Haltung oder Begeisterung zu tun?

Fangen wir am besten gleich damit an, etwas mehr Leichtigkeit, Schwung und Frische in den Tag zu bringen. Wann und wie beginnt dein Tag? Er beginnt nicht erst mit dem Frühstück, Zähneputzen oder Yoga, er beginnt schon, bevor wir die Augen öffnen. Mit ziemlicher Sicherheit startet er auch bei dir mit einem Gedanken. Sobald wir aufwachen, werden wir vom Denken begrüßt. Noch bevor wir Tageslicht erblicken, beginnt diese Unruhe im Kopf. Oft sind die Gedanken negativ besetzt und trüben den Start in den Tag. Wir haben uns noch nicht bewegt und noch nichts gemacht, und plötzlich schaffen es ein paar Gedanken, Unbehagen zu erzeugen. Wo ein Gedanke ist, gesellt sich in kürzester Zeit ein ganzes Rudel hinzu. Wie ist es möglich, dass uns unsichtbarer Lärm derart runterziehen und sogar aus der Fassung bringen kann? Niemand sonst kann unseren Gedankenlärm hören, aber er bestimmt unsere Gemütsverfassung. Es scheint etwas Wahres dran zu sein, wenn man sagt, dass der Mensch nach dem Aufstehen etwas zerknittert ist. Mit den Träumen hat das allerdings nichts zu tun.

Beobachte in den nächsten zwei Wochen die ersten Minuten nach dem Aufwachen. Welche Gedanken ereilen dich und welches Gefühl drängt sich in den Vordergrund? Kannst du das, was du denkst oder fühlst, beeinflussen? Denkst du fröhlich weiter oder schiebst du Gedanken und Emotionen beiseite, um den Tag entspannt anzugehen?

Ist es überhaupt möglich, gedankenfrei zu sein, bis man das Bett verlässt? Man müsste schnell raushüpfen, um dieses Highlight zu erleben. Morgendliche Gedankenstille ist ein Segen, kommt aber eher selten vor. Ist das

Denken dennoch da, sollten wir ihm keinerlei Beachtung schenken – und wegschwenken. Wie ein Scheinwerfer, den wir von links nach rechts drehen, können wir unsere Aufmerksamkeit jederzeit bewusst in eine andere Richtung lenken. Auch das könnte als Schlüssel bezeichnet werden. Er ist sehr anspruchsvoll und nicht so leicht zu handhaben. Gib trotzdem gut auf ihn acht und verliere ihn nicht aus den Augen.

Warum den Kopf nicht einfach mit neuem Inhalt füllen, wenn der vorhandene nicht zufriedenstellend und aufbauend ist? Natürlich geschieht dies nicht von selbst. Dein Einsatz ist gefragt. Ein wenig Disziplin hat noch niemandem geschadet. Vergiss aber nicht, dass es keine Mühe bereiten soll. Es sollte leicht gehen und ganz natürlich angewandt werden, damit es Früchte tragen kann. Entwickle das Bedürfnis, deine Gedanken- und Gefühlswelt zu beobachten und mentale und emotionale Kräfte gezielt für dich zu nutzen. So können auch Spannungen, Stress und Druck langsam abgebaut werden.

Gedankenspiralen

Wenn sich beim Menschen alles um Gedanken dreht, ist es kein Wunder, dass viele über Schwindel klagen. Wer sagt, dass man schwächende Gedanken, die uns Energie rauben, weiterverfolgen muss? Steht das irgendwo geschrieben? Wundern wir uns nicht über zu wenig Energie, wenn wir Energieräubern rund um die Uhr Narrenfreiheit lassen. Wenn wir uns selbst oder anderen nur einen Bruchteil der Aufmerksamkeit geben, die wir dem Denken einräumen, würde sich vieles wandeln. Denke stets daran, dass Gedanken deinen Alltag formen und für Zufriedenheit und Unzufriedenheit verantwortlich sind. Wer sich in Grübeleien verliert, darf sich nicht über Antriebslosigkeit oder Mattigkeit wundern. Wir sollten diesen Energieaufwand nicht unterschätzen. Wo viele negative Gedanken zusammenkommen, entstehen Sorgen. Sorgen sind demnach eine Ansammlung von Gedanken. Sie kosten Kraft und reduzieren deinen Energiehaushalt. Wo Energie fehlt, fehlt auch die zündende Kraft, um sich wohlzufühlen und um Veränderung ins Leben zu führen. Um unseren Alltag neu zu gestalten, sollten wir fürs Erste mit fröhlichen oder positiven Gedanken in den Tag starten. Leichter gesagt als getan, wenn uns etwas belastet oder Gedanken über uns kommen, die alles andere als aufbauend sind. Wunderst du dich auch oft darüber, woher das ganze Sammelsurium in deinem Kopf stammt? Als ich eines Tages feststellte, dass ich nicht der Regisseur meines Kopfkinos sein kann, hat es klick gemacht. Ich fragte mich, wer sich das ausdenkt, was in meinem Kopf herumschwirrt und mir Entspannung raubt. Woher kommt das ganze Zeugs? Wo entsteht das Denken? Was treibt es an?

Ich begann, Gedanken bis an ihren Ursprung zurückzuverfolgen. Immer wieder versuchte ich, dort hinzuspüren, anstatt mich mit dem Inhalt von Gedanken zu beschäftigen. Dieses Sich-im-Kreise-Drehen kennen wir alle, und wir wissen auch, dass es Kopfschmerzen bereiten kann. Die Quantenphysik sagt, dass wir 60 000 Gedanken pro Tag denken. Eine stattliche Menge. Das Übergewicht der Gedanken rührt vom Füttern her. Sie ein wenig auszuhungern, würde uns bestimmt guttun. Die Vergangenheit ist immer präsent, um die Zukunft machen wir uns weniger Sorgen. Wer sich um die Zukunft sorgt, sorgt sich eigentlich um seine Gedanken. Man weiß ja nicht, was sie mit sich bringen wird. Von der Zukunft haben wir keine Ahnung. Warum um etwas besorgt sein, von dem man gar nichts wissen kann?

Das Eintreffen von beängstigenden Situationen wird durch Befürchtungen gefördert. Sorglosigkeit hat nichts mit Gleichgültigkeit zu tun, sondern mit Vertrauen ins Leben. Welch eine Wohltat, wenn man wenige Gedanken hegt und sie mit Abstand betrachten kann. Das Desaster eines überfüllten Kopfkinosaals kennen wir alle. Es scheint völlig normal zu sein, wirkt sich aber nachteilig auf unser Dasein aus. Denken ist eine Notwendigkeit. Grübeln nicht. Letzteres ist für viele Baustellen in unserem Leben verantwortlich.

Niemand kann bestimmen, welchen Inhalt der nächste Gedanke haben wird. Aber jeder kann beschließen, ob er sich mit dem beschäftigen muss, was ihm gerade in den Sinn kommt. Natürlich ist Denken an sich keine Sache des Wollens, Nachdenken aber schon. Man kann es übertreiben oder sein lassen. Du hast die Wahl!

Überprüfe, warum du dem Inhalt in deinem Kopf so große Aufmerksamkeit schenkst. Werde dir der Macht deiner Gedanken bewusst. Geh ihnen auf den Grund, anstatt sie zu verdrängen. Nutze sie, aber hüte dich vor Kopfzerbrechen. Das sind weitere Schlüssel, die dir deinen Weg erleichtern werden.

Allem Sichtbaren liegt ein Gedanke zugrunde. Es gibt keine Erfindung, die nicht zuvor gedacht wurde. Wenn du an jemanden denkst, kann es sein, dass er dich im nächsten Moment anruft. Hier wird eine Vernetzung offensichtlich, die auf unsichtbarer Ebene, und zwar global, gegeben ist. Bei Witzen konnte ich das eine Zeit lang besonders gut beobachten. Plötzlich wurden auf der ganzen Welt gleichzeitig dieselben Witze in unterschiedlichen Sprachen erzählt. Dies ist kein Zufall, sondern zeigt auf, dass alles überall vorhanden und schlussendlich alles eins ist.

Jugendlicher Leichtsinn

Mein Gott, wie schnell die Zeit vergeht. Die Jahre ziehen an einem vorbei, und ehe man sichs versieht, hat man die Jugend schon hinter sich gelassen. Keine Angst wegen des Ausrufs »*Mein* Gott!«. Es ist natürlich auch deiner. Diese Kraft lebt in allem und steht auch dir uneingeschränkt zur Verfügung. Nichts entsteht aus sich selbst heraus, alles hat einen Antrieb, damit es existieren kann. Gott, Liebe oder Allmacht ... wie auch immer wir es nennen wollen, es sind lediglich Wörter, die auf etwas hinweisen sollen. Niemand kann etwas über diese unfassbare Größe sagen oder wissen. Und doch ist etwas vorhanden, das die Erde bewegt und alle Lebewesen atmen lässt. Wer macht sich in der heutigen Zeit Gedanken darüber? Vielleicht du? Der Blick schweift eher im Alltagsgeschehen umher, als nach innen gerichtet zu sein.

Wenn es etwas gibt, das für unser Erscheinen verantwortlich ist und uns am Leben erhält, wieso stellen wir uns eigentlich in den Mittelpunkt? Was haben wir dazu beigetragen, um am Leben zu sein? Eines Tages waren wir hier. Unseren Eltern haben wir unser Leben zu verdanken. Ihre Zweisamkeit hat dazu beigetragen, dass wir heute mitten im Leben stehen. Ihnen Dankbarkeit und Respekt entgegenzubringen, sollte eine Selbstverständlichkeit sein.

Mit fünfzehn Jahren empfand ich Menschen, die dreißig waren, als alt. Hat man selbst dieses Alter erreicht oder ist noch älter geworden, zeigt sich dies zwar im Spiegel, aber man fühlt sich nicht anders. Man ist bewusster, doch da Bewusstsein nicht altert, fühlt man sich immer jung. Kaum vorstellbar, dass der Körper älter wird und in ihm ein Jungbrunnen schlummert. Fest steht, dass wir weit mehr als ein Haufen Knochen, Haut, Muskeln und Sehnen sind. Der Mensch ist ein Wunder der Natur und es gibt so viele davon. Wir sollten uns jeden Tag mindestens einmal an diese Kraft, die uns hervorbringt, erinnern. Solch ein Denken ist heilsam und trägt uns von den Sorgen weg. Dieser unsichtbaren Kraft Dankbarkeit entgegenzubringen, ist äußerst wohltuend. Zwischen all der Hektik und dem Stress haben wir unsere eigentliche Identität vergessen. Man ist so sehr mit seinem Leben beschäftigt, dass man darüber hinaus so einiges aus den Augen verliert. Vor allem, sich mit dem eigentlichen Selbst auseinanderzusetzen. Wer mehr Harmonie erleben will, sollte genau dies tun. Es sorgt für mehr Wohlbefinden und ein rundes Leben.

Zurück zur Pubertät. Ein herrliches Alter und gleichzeitig auch herausfordernd und schwierig. Die Hormone spielen verrückt und die Welt scheint auf einen zu warten. Situationen zeigen sich von ihrer unlösbaren Seite und werden kaum als Aufgabe erkannt. Wenn wir einen Standpunkt einnehmen, diesen vehement verteidigen und glauben, alles besser zu wissen, stehen wir damit so ziemlich allein da. Ich erinnere mich nur zu gut an dieses Alter, wo man glaubt, der King oder die Queen zu sein. Auch ich war ein König. Damals stand das Ego mit seinem Kumpel, dem Verstand, an der Spitze der Macht. Heute hat es dem richtigen König, nämlich dem des Herzens, Platz gemacht. Die Herzenskraft ist Ausdruck der Seele, die Verstandeskraft die der Persönlichkeit. Früher war Letztere der Lebensmittelpunkt und hat den Ton angegeben. Oft hat man sich den Kopf gestoßen, weil man unbedingt seinen Willen durchsetzen wollte. Es ist befremdend, sich daran zu erinnern. Unglaublich, wie schnell Erinnerungen Spalier stehen. Mit der Zeit wird einem immer mehr bewusst, was es mit Gedanken auf sich hat. Ganz gleich, ob sie sich Richtung Vergangenheit, Zukunft oder Gegenwart bewegen: Denken findet im Augenblick statt.

Jeder Mensch durchlebt diese Phase, in der er sich die Hörner des jugendlichen Leichtsinns abstößt. Auch das gehört zum Leben und ist eine überaus wertvolle Erfahrung. Das Kleinkindalter ist wohl das ehrlichste. An mein eigenes kann ich mich zwar nicht sonderlich detailliert erinnern, aber wenn ich heute Kleinkindern beim Spielen zusehe, bin ich geradezu fasziniert von ihrer Offenheit. In ihren Augen sehe ich etwas, was ich bei vielen Erwachsenen vermisse. Die kindliche Unbeschwertheit bewegt mein Herz und macht einfach Freude. Kinder sind, wie sie sind, und verstellen sich nicht. Das muss man einfach mögen.

Wer wünscht sich nicht, so unbeschwert und frei zu sein? Welchen Wert hat das Leben, wenn einem diese Eigenschaften abhandengekommen sind? Wann hast du das letzte Mal, ohne darüber nachzudenken, das getan, worauf du gerade Lust hattest? Wann hast du das letzte Mal von ganzem Herzen so richtig gelacht? Sind Humor und Spontaneität irgendwo auf der Strecke geblieben? Neigen wir nicht vermehrt zu Unentschlossenheit und Unsicherheit, die oft zu nimmer enden wollenden Überlegungen führen? Wohin ist die Leichtigkeit verschwunden? Was können wir tun, um wieder unbeschwert und entspannter zu leben?

Wir sind zwar keine Kinder mehr, aber Reinheit und Unbefangenheit sind nicht verloren gegangen, nur verstummt. Auf diese Unberührtheit wird angespielt, wenn es *Werdet wie die Kinder* heißt, und nicht darauf, dass wir für jeden Unfug, den wir anstellen, entschuldigt sind. Im Augenblick zu leben, klingt gut, gelingt aber selten. Wie erwachsen sind wir?

Es scheint fast so, als hätten wir diese Unberührtheit gegen einen größeren Wissensschatz und mehr Besitz eingetauscht. Das mag der Lauf des Lebens mit sich bringen. Auch wenn wir uns nach einer Ursprünglichkeit sehnen, erzwingen können wir sie nicht. Wenn wir mit uns selbst, unserem Umfeld und der Natur im Einklang sind, geschieht immer das Beste. Kannst du in diesem Satz für dich einen Schlüssel finden und anwenden? Die Rückkehr zu uns selbst ist nichts, was gelingt. Wenn die Zeit reif ist, wird sich Erwachen ganz von selbst einstellen. Sich darauf einzulassen, kann man ebenfalls nicht bewusst steuern, es ist eine Frage von Bereitschaft und Reife.

Auch wenn das Leben noch so turbulent ist, stellen wir uns mit all unseren Kräften und Möglichkeiten dem, was kommen mag. Ausgeglichenheit und Zufriedenheit sind erreichbar. Dazu braucht es viel Geduld und eine Portion Mut. Der Weg zu sich selbst ist kein Wettbewerb und muss auch kein Kampf sein, er ist eine anspruchsvolle und abenteuerliche Aufgabe, der jeder gewachsen ist. Es gibt dunkle und helle Tage. Versuchen wir, weder die einen zu meiden noch die anderen anzustreben, sondern pendeln wir uns in der Mitte ein. Wenn wir die Angst vor der Zukunft verlieren und die Vergangenheit loslassen, wird das Gepäck leichter, das wir auf unserem Weg mit uns führen. Vertrauen schmälert die Angst. Blicken wir vertrauensvoll auf das, was ist, anstatt auf das zu achten, was war oder noch kommen mag.

Kritisch betrachtet

»Wie geht es dir?« Diese Standardfrage hört man des Öfteren, wenn man Bekannten begegnet. »Gut!« ist eine dieser berühmten Standardantworten. Aber stimmt das auch? »Gut« ist nicht immer eine spontane, ehrliche oder ernst gemeinte Antwort, wohl eher eine Floskel, zu der man sich hinreißen lässt. A zu B: »Wie geht es dir?« B zu A: »Gut!« A zu B: »Und wie geht's dir wirklich?« Diesmal scheint es A tatsächlich zu interessieren, wie es bei B aussieht. Wir gehen ja davon aus, dass diese Wie-geht-es-dir-Frage nur eine Floskel ist und nicht von aufrichtigem Interesse herrührt. Aber was soll man denn sonst sagen? Irgendwie muss man sich ja gegenseitig ansprechen. »Mit dir habe ich nicht gerechnet!« Oder gar: »Dich wollte ich eigentlich überhaupt nicht treffen!« Oder: »Verfolgst du mich?« Oder auch: »Schön dich zu sehen, aber unterhalten möchte ich mich jetzt gerade nicht.« So etwas kann man sich allenfalls denken. Es wird wohl weiterhin beim »Wie geht es dir?« bleiben. Ich persönlich bevorzuge die Antwort: »Gut, und dir?« Es ist ein versteckter Hinweis, dass ich nichts zu sagen habe, aber bereit bin zuzuhören. Zuhören ist eine wunderbare Fähigkeit. Niemand will ungefragte Ratschläge, aber die beste Hilfe ist ohnehin ein offenes Ohr. Wenn man das, was einen belastet, ausgesprochen hat, fühlt man sich gleich irgendwie besser.

Zwei Menschen treffen mitten in einem Einkaufszentrum aufeinander. A zu B: »Wie geht es dir?« B zu A: »Nicht gut!« A zu B: »Wieso? Ist etwas passiert?« Diese Frage öffnet bei B ein Ventil, aus dem der ganze Druck strömt, der sich in der letzten Zeit angestaut hat. Sie war nämlich krank und es geht ihr heute noch nicht gut. Dann ist da noch der Nachbar, dessen Hund die ganze Zeit bellt. Die Tochter hat dies, der Sohn das. Der Mann, die Schwiegermutter, das Haus und die Schildkröte kommen auch noch auf den Tisch, bevor sich B verabschiedet. Beide sind erleichtert, bei B ist der Druck weg und bei A die mittlerweile leicht anstrengend gewordene B.

Wenn sich jemand nach unserem Befinden erkundigt, ist es eigentlich vollkommen gleichgültig, wie die Antwort ausfällt. Wichtig ist, dass wir unsere Antwort Revue passieren lassen, und zwar unmittelbar nachdem wir wieder allein sind. Nur so kann uns im Nachhinein bewusst werden, was wir gesagt haben und ob es aufrichtig war. Wir lügen ja nicht den anderen an, sondern immer nur uns selbst. Neigen wir zu einer Unwahrheit, können wir überprüfen, warum wir so reagieren. Wollen wir den anderen nicht enttäuschen, uns rechtfertigen oder uns in ein gutes Licht rücken? Fakt ist, dass wir nie wissen können, was der andere denkt oder erwartet. Es gibt also keinen Grund, nicht aufrichtig zu sein. Ehrlichkeit ist eine große Tugend, besonders sich selbst gegenüber. Es gibt immer wieder Gelegenheiten, in die eigene Emotionswelt abzutauchen und dort zu erforschen, warum wir uns selbst belügen. Fragen wir uns doch, warum wir »Gut!« gesagt haben, wenn es uns eigentlich gar nicht gut geht. Wir müssen darauf nicht gleich eine Antwort finden, sondern können das einfach sacken lassen. Auch eine Antwort braucht Ruhe, um sich entfalten zu können. Irgendwann wird sie sich durch etwas bemerkbar machen, und wenn wir achtsam und aufmerksam sind, wird sie uns nicht verfehlen.

Fragen wir uns auch, was wir zu einem besseren Wohlbefinden selbst beitragen können. Hier geht es nicht darum, sein Leben auf den Kopf zu stellen, sondern das Muster zu beobachten, das wie eine hängen gebliebene Schallplattennadel ständig dasselbe erklingen lässt. Immer dieselbe Leier kann man aushalten, aber Freude bereitet sie nicht. Mach Nägel mit Köpfen und tritt aus deiner Komfortzone hervor. Die Reihenfolge könnte zum Beispiel wie folgt aussehen: zuerst innehalten, anschließend beleuchten, danach beobachten, dann erkennen, gefolgt von bewusst werden, einsehen und optimieren. Diese Schlüssel sind besonders wertvoll, wenn es darum geht, die nächsten Treppen zu erklimmen. Deine Zeit vergeudest du damit sicher nicht. Im Gegenteil, es ist eine gute Investition in sich selbst und auch in die Zukunft, die immer nur das Resultat deines Soseins spiegelt.

Veränderung hat mit dir zu tun. Der Wandel beginnt bei dir selbst und nicht dort, wo sich deine Sinne tummeln. Wir denken und fühlen stets in den gleichen Mustern.

Die Abläufe im Kopf sind immer dieselben, was natürlich auch auf Emotionen und Reaktionen zutrifft. Sie belasten, strengen an und rauben wertvolle Energie. Es ist eine Art Zwang, illusorische Denkräume zu beleben, negative Gefühle hochzuschaukeln und abermals gleich zu reagieren. Als würde man in etwas hineingezogen, ohne sich dessen bewusst zu sein. Du kannst es nicht abstellen, aber dich dazu durchringen, es ab sofort besser zu machen. Auf alle Fälle anders als bisher. Der erste Schritt ist die Erkenntnis. Dann bist du nicht mehr so weit davon entfernt, Gewohnheiten hinter dir zu lassen.

Dass eingespielte Verhaltensmuster zermürbend sein können, dessen sind wir uns wohl bewusst. Manchen von uns ist aber vielleicht noch nicht aufgefallen, dass es sich stets um ein und dasselbe Programm handelt. Der Inhalt der Gedanken und Gefühle mag sich ändern, aber es läuft immer auf dasselbe hinaus. Und zwar auf ein Sichverfangen in Gedankenmustern und Emotionsfeldern, die aus der Vergangenheit gespeist werden. Schwupps, und schon wieder sitzt man im Kopfkino und schaut sich einen Film an, den man eigentlich schon in- und auswendig kennen müsste. Kaum zu glauben, dass wir nicht zu müde werden, immer und immer wieder diesem uralten Mechanismus zu verfallen. Niemand zwingt uns dazu und doch geschieht es.

Es gilt also, die Ärmel hochzukrempeln und zu beobachten, was diese Missstimmungen in uns auslösen und wo uns unsere Gedanken und Gefühle hinführen. Wenn du dir das zu Herzen nimmst und umsetzt, wird sich dein Alltag grundlegend verändern. Verliere diesen Schlüssel nicht aus den Augen und mach ihn dir zunutze!

Gewohnheiten sind zäh und vor allem sind sie anhänglich. Sie waren aber nicht schon seit Anbeginn da, sondern haben sich irgendwann eingeschlichen. Wenn wir diesen Automatismus als Kind noch nicht hatten, spricht auch nichts dafür, ihn bis ins hohe Alter beibehalten zu müssen.

Erforsche dich, setze dich mit deinen Gewohnheiten auseinander. Wenn du das alte Fahrwasser verlassen willst, führt kein Weg daran vorbei. Was gibt es Schöneres, als Zeit mit sich zu verbringen und sich ganz und gar sich selbst zu widmen! Und zwar frei von Sorgen und Überlegungen. Allein sind wir in bester Gesellschaft, und das erkennen wir dann, wenn wir wirklich realisiert haben, mit wem wir es eigentlich zu tun haben.

Sinnfragen

Wer darauf wartet, dass ihm Antworten auf die großen Sinnfragen in den Schoß fallen, wartet vergebens. Wir sollten schon danach Ausschau halten und Interesse für Tiefgründigkeit und Spiritualität entwickeln. Eines Tages bemerkt jeder, dass das, was uns kurzfristig zufriedenstellt, nicht der Sinn des Lebens sein kann. Die Früchte jeglichen Strebens fallen irgendwann von uns ab und wir können auf unserer letzten Reise nichts mitnehmen. Was also bleibt? Was ist wirklich wichtig? Wofür lohnt es sich zu leben und wie findet man seinen Weg?

Der Weg wird sich von selbst zeigen und leichter, wenn man sich Zeit für sich selbst nimmt, seine Denkweise korrigiert, seine Anschauung optimiert und Geisteshaltung und Gesinnung sich ändern. Dann wird man die Welt mit anderen Augen betrachten, spontaner reagieren und eine unverfälschte Entscheidungsfreudigkeit kann sich einstellen. Entscheidungen haben einen großen Einfluss; sie bestimmen unser Leben. Sie fallen leicht, wenn sie intuitiv geschehen und nicht in komplizierten Überlegungen enden. Wenn sich etwas richtig anfühlt, ist es in der Regel gut. Wenn der Verstand der einzige Wegweiser ist, werden wir erneut in einer Sackgasse landen. Er kann erinnern, abwägen und Vergleiche anstellen. Das ist eine ganze Menge, aber nicht das richtige Werkzeug, wenn es um Bewusstseinsentfaltung geht. Der Verstand ist ein wertvolles Instrument, er führt uns durchs Leben. Er erschafft aber auch Irrtümer und Missverständnisse, die uns zu Handlungen führen, die unser Leben eher beeinträchtigen als erleichtern. Wir besitzen unterschiedliche Intelligenzen und sollten sie alle nutzen. Die intuitive Intelligenz ist das beste Werkzeug, das uns nie in die Irre leiten wird, geschweige denn uns das Leben erschweren würde. Frust und Sorgen sind aber nicht so schlecht, denn je ungemütlicher es wird, umso eher sind wir bereit, uns der intuitiven Intelligenz zu öffnen.

Wenn wir vom Weg abgekommen sind oder uns in etwas verrannt haben, wird das Leben aktiv. Mit unendlich vielen Botschaften ruft es uns dazu auf, uns neu zu orientieren. Es bieten sich unzählige Möglichkeiten, unser Sosein zu korrigieren und zu optimieren. Wenn wir das übersehen und dem nicht nachkommen, wartet es in nächster Instanz mit Aufgaben auf, die wir Schwierigkeiten nennen. Die damit verknüpften unangenehmen Gefühle locken uns aus der Reserve und lassen uns gezwungenermaßen entscheidungsfreudiger sein. Hören wir dann immer noch nicht hin, werden härtere Geschütze aufgefahren, die uns zu einer Veränderung zwingen. Wir sehen also, dass es das Leben stets gut mit uns meint. Es bewahrt uns davor, unsere Zeit allzu lange zu vergeuden. Wenn du dich verrannt hast oder etwas ins Stocken gerät, bemühe dich herauszufinden, was man dir damit mitteilen will, und korrigiere die Situation, dein Vorhaben oder Verhalten.

Wenn unter freiem Himmel Wolken über dich hinwegziehen, wirst du nicht gleich umkehren und dich auf den Nachhauseweg machen. Erst zunehmende Niederschläge werden dich zur Umkehr bewegen. Wenn ein Gewitter aufkommt und Donner und Blitz dich bedrängen, wirst du reagieren. So verhält es sich auch im Leben. Aber muss erst der Hut brennen, damit wir etwas ändern? Wir können auch schon vorher agieren und uns von unserer Intuition leiten lassen. Beobachte zukünftig, was ansteht und was zu tun ist, um nicht zu lange an einem Tiefpunkt zu verharren. Frage dich, was du tun oder anders machen kannst, um Änderungen zuzulassen. Selbstoptimierung sollte man stets im Auge behalten und rege praktizieren. Halte nicht zu sehr an etwas fest, lass das Leben fließen, damit es sich von selbst wandeln kann. Ein weiterer Schlüssel, der dich voranbringen wird. Bewahre ihn gut auf und vergiss ihn nicht.

Nicht immer ist das, was du glaubst, das Beste, auch wenn du davon überzeugt bist. Finde heraus, ob das, woran du dich klammerst, wirklich gut für dich ist. Eine äußerst legitime und wichtige Frage wäre zudem, ob es für andere ebenfalls von Vorteil ist. Wie auch immer man ist, was man tut und besitzt, sollte im Einklang mit der Gesellschaft sein.

Wir klammern uns an Dinge, Umstände, Gewohnheiten, Erwartungen, Ziele, Wünsche und Vorstellungen. Überprüfe das.

Der Wille ist dafür verantwortlich, wenn es um Festhalten geht. Er ist es, der dir das Leben erschwert und den natürlichen harmonischen Fluss durcheinanderbringt. Wenn du nichts mehr willst, wird alles einfacher. Es ändert sich alles. Nimm auch diesen Schlüssel an dich, er wird Tore öffnen.

Seinen Weg gehen

»Einklang mit der Gesellschaft« ist ein sehr gutes Stichwort, wenn es darum geht, kurz einen Blick auf die eigene Ist-Situation zu werfen. Wie bewege ich mich in der Gesellschaft? Wie verhalte ich mich? Was leiste ich? Was bringe ich in die Gemeinschaft ein? Wie fühle ich mich dabei? Handle ich eher auf mich selbst bezogen, oder ist das, was ich bewirke, auch für andere Menschen wertvoll und hilfreich? Hier geht es nicht nur um Taten, sondern auch um Gedanken und Gefühle, die du in die Welt hinaussendest.

Jeden Tag stirbt jede Sekunde ein Mensch. Das zeigt uns, dass die Welt nicht stehen bleibt, wenn sich einer von uns von der Lebensbühne verabschiedet. Ich habe keine Angst vor dem Tod, da die Krönung des Lebens bestimmt nicht das Ende ist. Das sieht jeder anders, eben so, wie er es als richtig erachtet. Solange wir noch da sind, sollten wir die Zeit nutzen und sie nicht vergeuden. Wir sind dazu aufgerufen, unsere Sicht- und Handlungsweise zu überdenken und unnütze Gedanken nicht aus den Augen zu verlieren. Sie vereinnahmen uns, machen uns das Leben schwer, und obwohl sie nützlich sind, können sie großen Schaden anrichten. Die Besucheranzahl in deinem Kopfkino zu reduzieren, ist einer der wichtigsten Schlüssel. Setze ihn rege ein, damit er Früchte tragen kann.

Mit den Jahren kommen die Einsichten, und je älter man wird, umso empfänglicher wird man. Jeder Mensch macht im Laufe seines Lebens unendlich viele Erfahrungen, die sich über Inkarnationen hinweg so lange wiederholen, bis er daraus etwas gelernt hat. Geschieht das nicht, wiederholt sich dieses Prozedere, und so müssen wir uns nicht wundern, wenn wir immer wieder vor denselben Problemen stehen. Unangenehme Ereignisse laufen uns nicht hinterher, sie sind eine Notwendigkeit, die wir zu verantworten haben. Wenn du dich jetzt fragst, was du für diese oder jene Sache kannst, wirst du im ersten Moment nur mit den Schultern zucken. Ein Problem entsteht ja erst dann, wenn wir eine Situation oder Umstände ablehnen. Wenn wir uns mit ihnen arrangieren, kann sich auch das Problem verabschieden. Die Erfahrung, die du als Problem bezeichnest, ist also nicht das Problem an sich, sondern unser Verhalten und Verständnis für die Dinge. Dass wir uns über Unannehmlichkeiten nicht freuen, ist klar. In der Schule haben wir nicht gelernt, wie man mit Schwierigkeiten umgeht und sich ihnen gegenüber verhält. Es hätte sicher nicht geschadet, wenn es ein Unterrichtsfach namens Lebensschulung gegeben hätte. Aber dafür müsste es dementsprechende Lehrer geben, und wenn es die gäbe, würde das unbewusste System damit einverstanden sein?

Da wir uns unsere Lebensweisheit selbst aneignen müssen und ein Leben lang dazulernen, stehen die Chancen gut, dass sich in reiferen Jahren unsere Einstellung und

Haltung ändern. Das Leben ist der beste Lehrer, den es gibt. Dieser Satz ist nicht nur hilfreich und weise. Wenn wir ihn mit unserem Herzen erfassen, wird er uns Vertrauen und Zuversicht schenken. Das können wir gut brauchen, denn das Leben ist gespickt mit Herausforderungen. Bei Problemen sollten wir genau beobachten, wie wir uns verhalten und wie sich das auf die Umstände auswirkt.

Platz für Liebe

Menschen zu lieben, die wir mögen und die uns nahestehen, ist nicht besonders schwer. Wenn es darum geht, Menschen zu lieben, die uns nicht mögen, uns nicht gut gesinnt oder unfreundlich zu uns sind, sieht das etwas anders aus. Liebe alles und unterscheide nicht zwischen freundlich und unfreundlich, hübsch und hässlich, dick und dünn, höflich und unhöflich, pünktlich und unpünktlich, sympathisch und unsympathisch. Wie klingt das für dich? Unerreichbar? Schön? Verrückt?

Mach es dir nicht zur Gewohnheit, andere nach ihrem äußeren Erscheinungsbild zu beurteilen. Wenn man lange genug sucht, wird man immer etwas zu beanstanden finden. Vergiss nicht, dass es am kritisierten Objekt nichts auszusetzen gab, bevor du es kritisiert und deine Interpretation als Wahrheit in den Raum gestellt hast. Begegne jedem und allem unvoreingenommen und nimm alles einfach nur wahr! Ein Schlüssel, der an deinem Bund nicht fehlen sollte! Das, was du über den anderen denkst, entspringt *deinen* Gedanken. Was hat es mit dem anderen zu tun? Wie *du* ihn siehst und erlebst, liegt an *dir* und legt einzig und allein *deine* Sichtweise und *dein* Empfinden offen. Das Urteil, das von dir ausgeht, zeigt auf, dass *du* etwas ablehnst. Anscheinend tust du dich schwer damit, jemanden oder etwas wertfrei anzusehen und frei von Gedanken zur Kenntnis zu nehmen. Etwas eckt an. Ein gängiger Vorgang, den jeder an sich beobachten kann. Solange wir alles, was uns widerfährt, noch persönlich nehmen, wird sich daran nichts ändern. Sobald wir uns auf etwas beziehen, wird es vom Gehirn eingeordnet, ein Vorgang, der sich gar nicht abwenden lässt. Die Sinne den ganzen Tag frei herumschweifen zu lassen, ist ein heikles Unterfangen. Wir können sie zwischendurch etwas zügeln, was äußerst wohltuend ist. Wenn man bedenkt, dass man sich dann nicht mit Kritik beschäftigen muss, bekommt man sogar Lust darauf.

Mit etwas seine Schwierigkeiten zu haben, nicht einverstanden zu sein oder etwas anderes haben zu wollen, raubt Kraft und strengt an. Es macht den Menschen engstirnig und hartherzig. Jegliche Form von Kritik spiegelt nur die eigene Schwäche. Nichts ist auf die Welt gekommen, um uns zu gefallen. Eigentlich sollte sich alles selbst genügen, so wie es die Liebe tut. Nehmen wir an, du störst dich daran, dass jemand grüne Haare hat. Wenn du sagst, dass das furchtbar aussieht, ist das richtig. Nicht weil es allgemein, sondern weil es für *dich* richtig ist. Du kannst die Dinge nur *deinem* Bewusstsein entsprechend wahrnehmen. Der andere hat einfach grüne Haare. Und nun? Es sieht nicht furchtbar aus, sondern es sieht so aus, wie es aussieht. So könnte man das völlig neutral ausdrücken. Fühlt sich das nicht besser an? Ist es nicht schön, wenn man alles so belassen und als gegeben erachten kann?

Der andere, dem das Grün gefällt, hat ebenfalls recht. Er liegt richtig, wobei sich das ebenfalls nur auf seine persönliche Wahrnehmung bezieht. Somit haben aus der jeweils individuellen Sicht beide recht. Dass das grüne Haar furchtbar aussieht, besagt lediglich, dass der, der dies behauptet, das Aussehen des anderen nicht akzeptiert. Das Problem sind also nicht die grünen Haare, sondern die Nicht-Akzeptanz, der Widerstand, die Ablehnung. Es geht aber nicht um Akzeptanz oder Toleranz, sondern darum, sich jenseits von »Gefällt mir« und »Gefällt mir nicht« einzupendeln. Dort ist der beste Platz, vor allem wenn es darum geht, der großen Lebensaufgabe von Einklang gerecht zu werden. Akzeptanz und Toleranz haben einen bitteren Beigeschmack, so als würde man jemandem gnädigerweise Nachsicht gewähren. Dies stellt den anderen automatisch als fehlerhaft hin. Bin ich mit allem im Einklang, muss ich nicht tolerant sein, weil sich die Frage der Toleranz erst gar nicht stellt. Habe ich erkannt, dass alles auf der Welt genau so, wie es ist, in Ordnung ist und immer seine Richtigkeit hat, verliert Tolerieren seine Bedeutung. Kümmern wir uns nicht um Richtig oder Falsch, sondern um uns selbst. Ergibt es Sinn, im Garten des Nachbarn zu graben, wenn man selbst genügend Baustellen hat?

Belächelt man den anderen, erhebt man sich über ihn und bemerkt nicht, dass man mit diesem Verhalten nicht den Missstand eines anderen, sondern seinen eigenen aufdeckt. Wer seine Intoleranz nach außen kehrt, ist der wahre Verlierer. Ein solches Verhalten bezeugt: »Hallo, ich habe ein Problem damit, dich zu akzeptieren, wie du bist. Du entsprichst nicht meinen Vorstellungen. Mit deinem Aussehen bin ich nicht einverstanden!« Aber ist uns das auch klar? Das Aussehen, Auftreten oder Verhalten anderer bekritteln kann jeder. Sich seinen Fehltritt einzugestehen, ist schon etwas schwieriger und braucht vor allem Mut, den man aufbringen sollte, um die Strategien des Egos zu überlisten.

Jede Wertung lässt auf den ersten Blick das andere als verkehrt erscheinen. Man rückt sich damit bewusst oder unbewusst ins rechte Licht. Als wäre man besser. Gut ist man dann, wenn man frei von Gedanken einfach nur beobachtet. Wie heißt es so schön: Wer frei von Fehlern ist, werfe den ersten Stein. Niemand ist fehlerfrei und Kritik ist menschlich. Es liegt mir fern, jemanden zu kritisieren. Ich möchte nur auf eine Verhaltensform hinweisen, die es zu beheben gilt, weil du dir mit jedem Urteil selbst Schaden zufügst, ohne es zu bemerken. Jeder Ursache folgt eine Wirkung, erinnerst du dich?

Unser ständiges Einordnen, Vergleichen und Werten ist großteils automatisiert und geschieht unbewusst. Umso mehr sind wir dazu aufgerufen, achtsamer zu sein. Wenn der Mund schneller ist als das Gehirn, kann man ihn einbremsen. Leg ein paar Sekunden Pause ein, bevor Gewohnheiten dein Reden und Handeln bestimmen, und lass es ganz bewusst still in dir werden. Du kannst auch innerlich langsam zählen, bis du an einer Zahl angelangt bist, bei der sich die Notwendigkeit deiner Aussage revidiert. Man kann sich jederzeit ändern und sich bemühen, es besser zu machen. Es ist noch kein Meister vom Himmel gefallen. Solltest du dich von meinen Worten ertappt fühlen, kannst du gleich den Schlüssel anwenden, der für das Verständnis steht, dass es absolut nichts gibt, was persönlich gemeint ist, solange du dich nicht persönlich darauf beziehst. Es kann dich also nur dann treffen oder betreffen, wenn du dich angesprochen fühlst. Du hast in deinem Leben noch nie etwas falsch gemacht, aber es geht immer besser.

Nehmen wir an, fünfzig Menschen würden jemanden beurteilen. Davon haben manche etwas zu bemängeln, einige sogar mehreres. Wie ist es möglich, dass man so viele Eigenschaften hat? Vielleicht, weil es gar nicht die Eigenschaften des Beurteilten sind, sondern nur die Interpretationen von vielen Menschen?

Du kannst alles mit so vielen Bewertungen bombardieren, wie du magst, das ändert nichts daran, dass es deine bleiben. Man sollte wie gesagt allerdings bedenken, dass alles, was man aussendet, zu einem zurückkehren wird. Also nicht wundern, wenn das Leben irgendwann einmal den Eindruck erweckt, ungerecht oder garstig zu sein. Das sind dann nur die Früchte einer Ernte, die einst unbedacht als Samen in die Welt gesetzt wurden.

Eine Bewertung hat mit dem bewerteten Objekt genau so viel zu tun wie der Tisch mit dem Tischtuch. Das eine wurde über das andere gelegt. Der Tisch ist derselbe geblieben. Vielleicht denkst du das nächste Mal, bevor du etwas bemängelst, daran, es bei dir zu behalten. Erst ist es im Kopf, dann im Mund und dann in der Welt. Gut ist es, wenn es die Welt nicht erreicht. Am allerbesten ist es, wenn es im Kopf erst gar nicht entsteht, die Sinne sich zurückziehen und man sich vom Gegenüber nicht zu einer Wertung hinreißen lässt. Das bedarf einiger Übung und des Wissens, dass alles eine Einheit bildet. Man beginnt am besten damit, die Gewohnheit des Kritisierens zu reduzieren. Wahrnehmen, feststellen, abwenden oder ganz sein lassen. Ein umfassender Schlüssel, der dir eine weitere Tür öffnen wird. So entsteht Raum für Neues, Aussöhnung mit sich selbst und ein innerer Wandel.

Dass unsere Auffassung und Sichtweise doch sehr begrenzt sind, sollten wir uns eingestehen. In Anbetracht dessen, dass es allen Menschen so ergeht, muss man das nicht so eng sehen. Ich habe Jahre damit verbracht, mich bei jeder Gelegenheit zu verbessern, und ich tue es heute noch. Wir werden bis zum Tod Mensch sein und das ist okay. Versuchen wir nicht, anders zu werden, sondern uns einfach in unserer Art zu optimieren. Wir sind gut, so wie wir sind, wenn wir aus tiefstem Herzen unser Bestes geben, dem Leben wohlgesonnen gegenüberstehen und alle Lebewesen respektieren.

Bemühe dich, jeden Tag dein Bestes zu geben, und verliere deine innere Forschungsreise nicht aus den Augen. Sei kritisch dir selbst gegenüber, aber nicht streng. Nimm das Leben ernst, ohne dabei den Humor zu verlieren. Aus der Sicht der Liebe gibt es keine Begrenzungen. Sie bezieht sich auf nichts. Sie ist wertfrei, weil sie sich nicht nach Werten, Erinnerungen und Wissen orientiert. Somit ist sie fehlerfrei. Folge dem Ruf deines Herzens und mach die Liebe zu deiner Vision. Sie wird dich nicht enttäuschen und dich niemals in die Irre leiten. Sie ist der beste Kompass, der dich sicher in deine wahre Heimat geleiten wird.

Willst du für kurze Zeit glücklich sein? Dann investiere in die Natur und setze Blumen in ein Beet. Möchtest du über einen längeren Zeitraum glücklich sein? Dann investiere in die Natur und pflanze einen Baum. Wenn du etwas für die Ewigkeit willst, investiere in Menschen und du wirst Glück ernten. Wer in Menschen investiert, investiert in sich selbst.

Eine Frage der Perspektive

Auch wenn wir alle gut auf ihn verzichten können, so ist auch der Ärger Teil unseres Lebens. Daher ist er auch in diesem Buch ein Thema – ein ganzes Kapitel möchte ich ihm aber nicht widmen. Je mehr man sich ärgert, umso ärger wird der Ärger. Und wem schaden wir damit? Immer nur uns selbst. Demnach ist es ratsam, den Ärger loszulassen, was aber einfacher gesagt ist als getan. Dinge loszulassen scheint einfacher zu sein, als Gewohnheiten loszulassen.

Während man sich ärgert, befindet man sich in einem Ausnahmezustand. Man ist außer sich vor Rage und will in dem Moment keine Ratschläge hören. Das würde den Ärger eher verstärken als lindern. Emotionen lassen sich eben nicht einfach ausschalten. Gäbe es einen Schalter, könnte man den Ärger einfach wegdrücken. So etwas hätte ich mir früher gewünscht.

Unzählige gut gemeinte Tipps, wie man sich von Ärger befreien kann, klingen gut und sind teilweise auch nachvollziehbar, wenn man sich nicht gerade mitten in dieser Emotion befindet. Sogenannte geistige Werkzeuge und Schlüssel, die das Verhalten optimieren und Schwächen ausbalancieren, kommen einem dann partout nicht in den Sinn. Ist man in Rage, sieht man außer der scheinbar verfahrenen Situation nichts anderes mehr.

Man hört immer wieder, dass es möglich ist, den Ärger hinter sich zu lassen. Das Kontraproduktive an einer solchen Aussage ist, dass man sich fragt, warum einem das dann nicht gelingt. Wenn es denn Möglichkeiten gäbe, sich nicht mehr zu ärgern, warum schaffe ich das nicht? Gelingt es nur den anderen? Bin ich zu begriffsstutzig, um es zu schaffen? Man sucht den Fehler bei sich und zweifelt an sich selbst, was wiederum zu weiterem Ärger führen kann. Wer mit dem Loslassen hartnäckiger Reaktionen noch keinen Erfolg hatte, sollte sich mit ihnen aussöhnen. Setz dich nicht unter Druck und verabschiede dich von dem Vorsatz, etwas loswerden zu wollen. Auch dieser entsteht in deinem Kopf und existiert lediglich in Form von Gedanken. Kann es sein, dass sie es sind, die für den Druck verantwortlich sind?

Ärger ist eine Emotion, Freude auch. Die Freude wollen wir nicht loslassen, die wollen wir behalten. Somit ist der Ärger benachteiligt. Willst du abgewimmelt oder unfreundlich behandelt werden? Verleihe dem Ärger eine Gestalt, was du mit jeder Emotion machen kannst. Ein kleines Männchen, eine Kugel, ein Wesen …, egal, etwas, was du dir gut vorstellen kannst. Was auch immer du dir ausmalst, die zur Gestalt gewordene Emotion ist dir jetzt als Begleiter bewusst. Sie ist einfach da. Ganz gleich, ob Ärger, Eifersucht, Zorn oder Neid. Kümmere dich nicht um sie, sondern nimm sie lediglich zu Kenntnis. Da wir wissen, dass nichts von Ewigkeit ist, warum nicht einfach gelassener damit umgehen? Emotionen tun dir ja nichts. Sie sind nur dann unangenehm, wenn du dich von ihrem Aufkeimen provozieren lässt. Der Schatten ist von der Sonne abhängig, der Ärger vom Ego. Wenn etwas nicht nach Vorstellung des Egos läuft, neigt es dazu zu überhitzen. Demnach müssten wir uns eigentlich mit dem Ego auseinandersetzen und nicht mit dem Ärger, der nur eine Auswirkung ist. Hierin versteckt sich ein Schlüssel, den es zu entschleiern gilt.

Wie könnte eine Aussöhnung aussehen, wenn uns der Ärger (oder die Wut, der Zorn, die Eifersucht et cetera) besucht? Als Erstes könnten wir uns daran erinnern, dass es keine Heimsuchung, sondern nur ein Besuch ist. Begrüßen wir ihn! Wenn du möchtest, sprich mit ihm, in Gedanken oder laut. Ohne Absicht kommt er zu uns und wir wollen uns auch neutral verhalten. Gelassenheit und Fröhlichkeit mag der Ärger nicht, somit stehen die Chancen schon mal nicht schlecht, dass er von selbst verschwindet, wenn wir ihm keine Beachtung schenken. »Bist du auch schon wieder da!? Ich habe jetzt keine Zeit für dich!« Oder: »Bist du da? Bleib nur ruhig bei mir, aber kümmern kann ich mich jetzt nicht um dich.«

Hier geht es darum, der Situation Leichtigkeit zu verleihen und ihr mit Humor zu begegnen. Wenn bisher jede andere Taktik fehlgeschlagen ist, müssen wir den Ärger ja nicht weiterhin bekämpfen oder ablehnen, sondern können ihn einfach annehmen. Ärger ist nicht schlecht, aber dennoch überflüssig. Andauernder Ärger ist nicht nur unangenehm, er macht dich griesgrämig und tut der Gesundheit nicht gut. Das wollen wir nicht.

Ein Vorwurf an dich selbst, dass du es schon wieder »getan« hast, hilft dir nicht weiter. Warum sich also nicht einfach mal ärgern? Aber so richtig! Geschieht dies bewusst, wirst du höchstwahrscheinlich einen Lachanfall bekommen, wenn es wieder einmal so weit ist. Wer sagt, was falsch oder richtig ist? Sei authentisch und erlaube dir also, dich einmal so richtig zu ärgern. Du wirst feststellen, dass sich der Bezug zum Ärger verändert, wenn du davon ablässt, etwas ändern zu wollen. Du erlaubst dir etwas, was du bisher abgelehnt hast? Das wird nicht frei von Wirkung bleiben.

Manchmal ist Ärger eben eine Art, mit einer Situation umzugehen. Das Gute daran: Du lässt alles raus und unterdrückst es nicht. Der Ärger an sich ist wie gesagt nicht das Problem, sondern, dass er nicht als natürliche Folge von persönlichem Widerstand erkannt wird.

Der richtige Umgang mit Ärger ist eine gute Schulung und eine Lebensaufgabe. Ärger ist ein emotionaler Hilfeschrei, der aufzeigt, dass die Vorstellungen des Egos unerfüllt geblieben sind. Während ich das schreibe, wird mir bewusst, dass ich mich an gar keine ärgerliche Situation mehr erinnern kann. Ich scheine den Ärger verloren zu haben, und ich werde mich hüten, nach ihm Ausschau zu halten. Nach vielen Jahren des Hinterfragens und kontinuierlichen Korrigierens scheint auch diese Eigenart Schnee von gestern zu sein. Meine schneeweißen Haare zeugen davon, auch wenn es nicht mehr viele sind. Irgendwann klingen Gewohnheiten und Vorstellungen ab, Ruhe kehrt ein. Das hat nicht nur etwas mit dem Alter zu tun, sondern mit einer wachsenden Bewusstwerdung, die Gelassenheit und einen spürbaren Frieden mit sich bringt.

Im Ärger anderer sehe ich großes Potenzial für uns. Er bietet uns die Chance, über ihn hinwegzusehen und über uns hinauszuwachsen, indem wir unser Gegenüber nicht kritisieren. Wir dürfen also üben, nichts mehr persönlich zu nehmen, was die Königsdisziplin von bewusstem Verhalten ist. Wir bekommen die Chance, die Verzweiflung des anderen als Einladung zu verstehen, ihn so sein zu lassen und innerlich in die Arme zu schließen. Wertfreiheit ist eine Tugend, die nicht nur uns, sondern auch die Welt heilen kann. Sehen wir es einfach so: Der andere hat den Mut, seine Emotion nicht zu unterdrücken. Er lässt uns an ihr teilhaben und hilft uns dabei mitzuempfinden, zu beobachten und uns über die persönliche Wahrnehmung zu erheben. Eine tolle Möglichkeit, uns in Liebe zu vertiefen und den Menschen als Selbst wahrzunehmen, uns von seiner Reaktion, seinem Ich nicht täuschen zu lassen.

Wie auch immer ein Mensch sich verhält – das ist er nicht. Das jeweilige Verhalten ist nur Schein und Ausdruck seiner Körperlichkeit, hinter der sich seine wahre Identität verbirgt. Auf diese sollten wir achten, denn sie gleicht unserem Wesenskern.

Jetzt hat der Ärger doch ein ganzes Kapitel eingenommen. Man sollte sich nichts vornehmen, es kommt immer anders, als man denkt! Wäre das eventuell ein *Schlüssel*-Satz für dich?

Es gibt viele Möglichkeiten, mit negativen Gefühlen umzugehen. Du findest einen Weg, wenn du bereit dafür bist. Du kannst dich im Herbst über das viele Laub ärgern, das dir die Einfahrt versperrt, oder dich darüber freuen, dass im Frühjahr wieder neue Knospen sprießen werden.

Lebensstationen

Wenn ich auf mein Leben zurückblicke, stelle ich fest, dass alles, was ich erlebt habe, sehr lehrreich war. Es gab im beruflichen wie im privaten Bereich Höhen und Tiefen, und viele interessante Begegnungen mit Menschen haben mein Leben bereichert. Sicher sind einige davon überzeugt, von mir gelernt zu haben. Das mag sein, aber ich habe ebenso viel von ihnen lernen können. Es erfolgt stets ein Geben und Nehmen, da dies ein Grundprinzip des Lebens ist. Als ich letzthin einem älteren Mann dabei half, die Einkaufstaschen in den Kofferraum zu stellen, bedankte er sich herzlich. Er meinte, dies wäre nicht selbstverständlich, was sich wohl auch auf mein Alter bezog. Er schien doch etwas jünger als ich gewesen zu sein. Freundlich strahlte er mich an. Sein Lächeln berührte mich sehr und noch Tage danach sah ich sein dankbares Gesicht vor mir. Es stellt sich die Frage, wer von uns beiden die größere Freude hatte. Auch an diesem Beispiel können wir erkennen, dass unsere Reaktionen und Handlungen keine Einbahnstraße sind. Überall herrscht Gegenverkehr. Die Straßen des Lebens sind sehr stark befahren, vieles kommt uns entgegen. Wir bauen Unfälle und werden ungeduldig, wenn die Ampel auf Rot schaltet. Manchmal geht uns das Benzin aus oder das Fahrzeug wird beschädigt. Dann werden wir gezwungen, einen Gang runterzuschalten. Doch was auch immer uns im Leben widerfährt, es will uns etwas zeigen.

Mein Bewusstwerdungsprozess unterscheidet sich nicht von dem anderer und er dauert an. Jeden Tag lernen wir dazu. Nachdem mir eines Tages bewusst wurde, dass alles im Leben ohne Ausnahme wertvoll ist und eine Bereicherung darstellt, konnte ich auch schwierige Situationen so annehmen, wie sie sind. Bis dieses Wissen im Herzen ankommt und man es so glasklar erkennen kann, dauert es seine Zeit. Die Dauer ist allerdings nicht wichtig. Eines Tages macht es klick und dieser Tag entscheidet das Leben. Kein Mensch ist benachteiligt, es ist für jeden gesorgt. So werden alle zur richtigen Zeit zu sich selbst erwachen, auch wenn es Inkarnationen dauern mag. Zeit ist ein Messinstrument, nicht mehr und nicht weniger. Vertraue darauf, dass dein Leben geführt und genau so gemeint ist, wie es ist. Dem Leben zu vertrauen, ist ein weiterer Schlüssel. Vertrauen gleicht einer Eintrittskarte, die bei Verlust ein bevorstehendes Ereignis verunmöglicht. Wer aufgrund fehlenden Vertrauens Veränderungen versäumt, macht einen Schritt zurück. Bemühen wir uns, dieses kostbare Gut wiederzuerlangen, anstatt uns mit Zweifeln und Vorbehalten zu beschäftigen. Wie steht es mit dir? Was traust du dir zu? Viel? Alles? Wenig? Nichts?

Nicht nur dem Leben und uns sollten wir vertrauen, auch unseren Mitmenschen. Anderen zu vertrauen und ihnen etwas zuzutrauen, zeugt von Weisheit. Entwickle die Gewissheit, dass es für alle so kommt, wie es kommen muss. Das Leben nimmt seinen Lauf und folgt seiner Entsprechung. Alles, was passiert, entspricht uns und somit ist alles ein Erfolg. Auch eine Trennung, ein Jobverlust oder eine Krankheit sind Erfolge. Es sind Wirkungen, die auf eine Ursache zurückzuführen sind. Warum Erfolg immer mit Karriere assoziiert wird, ist mir rätselhaft. Das Wort »Erfolg« ist aufgrund seiner häufigen Nutzung überstrapaziert. Es hat seine wahre Bedeutung verloren. Jeder Mensch hat Erfolg, auch der Bettler, der auf der Straße lebt. Das, was wir unter »Erfolg« verstehen, könnte als Auswirkung unseres Soseins oder als Ereignis bezeichnet werden. Karriere wird völlig überwertet. Es geht um eine Erfahrung in einem Feld, in dem es viel zu lernen gibt, und ist mit großer Anstrengung verbunden. Diejenigen, die sich mit dem Begriff »Erfolg« schmücken, haben meistens keine Ahnung, dass sie mitten in einem Lernprozess stecken, der nicht nur darauf zielt, Früchte zu ernten. Die Botschaft bleibt so lange unerkannt, bis man sich wandelt.

Jeder Mensch hat Fähigkeiten und Stärken, auch wenn sie unterschiedlich ausgeprägt sind. Jeder macht es auf seine Art gut. »Anders« bedeutet nicht »schlechter«. Warum muss immer alles verglichen werden? Nimm diesen Schlüssel zur Hand und beobachte regelmäßig, wie oft du Vergleiche anstellst. Sie sind gegenwärtig und haben immer einen negativen Beigeschmack, weil ohnehin alles unterschiedlich ist. Nichts und niemand ist gleich, warum also ständig Vergleiche anstellen? Wenn wir uns mit jemand anderem messen oder eine Situation mit einer anderen vergleichen, ist das so, als würden wir einen Elefanten mit einer Mücke messen. Ergibt das einen Sinn?

Je mehr Vertrauen wir haben, umso schneller schreitet die Bewusstseinsentwicklung voran. Wir alle entwickeln uns im Laufe der Jahre weiter, was nicht unbedingt heißt, dass wir uns in jungen Jahren arglos, albern und unüberlegt verhalten müssen. Eine gewisse Überheblichkeit liegt der Jugend zugrunde, was wir sicher alle bejahen können, wenn wir einen Blick zurück auf unsere Sturm- und Drangzeiten werfen. In jungen Jahren meint man, man könnte Bäume ausreißen, dass einem die Welt zu Füßen läge und man ohnehin alles besser wüsste. Auch ich habe so gedacht und mich damals gefragt, warum man von älteren Menschen nicht ernst genommen wird. Natürlich fehlt einem die Lebenserfahrung und man reagiert oft zu hitzig. Das liegt in der Natur des Heranwachsens, das eben gerade deswegen so schön ist, weil der Kopf noch nicht so voll ist. Außerdem halten sich Vorurteile in Grenzen, man ist offener, neugieriger, kann noch träumen und an Wunder glauben. Wäre das anders, würden wir nicht so enthusiastisch, eifrig, wissbegierig und voller Lebensfreude sein. Ernüchterung stellt sich früh genug ein. Dann wird es ernst. Wir gelangen an einen Punkt, an dem unsere kindliche Unbeschwertheit schwindet und wir feststellen müssen, dass Träume nur Schäume sind. Bewusstes Träumen sollten wir trotzdem niemals verlernen. Hier geht es nicht um Fantasien oder Träumereien, sondern um Ziele. Wenn wir diese verfolgen, sollten wir auf sie vertrauen. Ein Ziel kann etwas sein, das als weit weg und unerreichbar empfunden wird, aber auch etwas, was sich wie eine Vorahnung einer Erfüllung anfühlt. Auch wenn wir nicht wissen, wann sie sich ereignen wird, ein inneres Gefühl der Überzeugung weiß, dass sie sich verwirklichen wird. Bleiben wir dran und tragen wir etwas dazu bei, Erfüllung in Materie zu kleiden. Vielleicht wartet sie nur darauf, aus dem Dornröschenschlaf erweckt zu werden?

Für die, die diesen Schlüssel noch nicht kennen, und für diejenigen, die ihn zur Vertiefung noch einmal erinnert haben möchten: Nehmen wir an, du verfolgst das Ziel, ein eigenes Geschäft zu eröffnen. Woran willst du später einmal zurückdenken, was willst du erreicht haben, wenn du vom Ziel aus zurückblickst? Es geht darum, dass du jetzt so tust, als hätten sich deine Wünsche bereits verwirklicht. Erlebe, denke und fühle in allen Details, wie dein Leben vor der Erfüllung deiner Träume ausgesehen hat und wie es sich bis zum vorgestellten späteren Zeitpunkt, den du jetzt fühlst, entwickelt hat. Lass deine Vorstellungen in deiner Innenwelt lebendig werden.

Wenn du etwas von der Jetzt-Situation aus tust, ist es ein Wunsch. Dieser hat nicht dieselbe Kraft wie das Vorerleben eines Ergebnisses. Wenn es vom Ziel aus geschieht, ist es in deiner Vorstellung imaginär bereits zu Wirklichkeit geworden. Wie sonst könntest du darauf zurückblicken? Ob das Ziel deinen Erwartungen gerecht wird, kannst du überprüfen, indem du dich immer wieder in die Zielvorstellung hineinbegibst. Wiederholst du das regelmäßig, erkennst du vielleicht auch, dass das Ziel gar nicht mehr so erstrebenswert ist und sich vielleicht sogar verändert. Hier geht es also nicht nur um Erfüllung, sondern um ein sogenanntes Probetragen deiner Zukunft. Oft passt sie nicht, ist zu eng oder gar nicht so chic, wie man sich das in Gedanken ausgemalt hat.

Ich habe bei meinen Vorträgen und Seminaren immer dazu geraten, dass man die Zukunft vorher anprobieren soll, um zu sehen, ob sie zu einem passt. Das Ziel bestimmen, indem du bereits dort bist, bevor du losgehst, ist zum Lieblingssatz der Teilnehmer geworden. Definitiv ein Schlüsselsatz. Nimm ihn dir zu Herzen und nutze ihn.

Auf dem Weg zur Erfüllung

Eine Sauna kann man verlassen, wenn es zu heiß und unangenehm wird, das Leben nicht. Man muss es aussitzen, mit rotem Kopf, unter Druck und angespannt oder innerlich abgekühlt mit Fassung und Coolness. Glaube an dein Leben und glaube an dich! Wer sonst soll es tun?

Es ist nie zu früh, um sich auf das Abenteuer Bewusstseinsentfaltung einzulassen. Je älter man wird, umso schwieriger wird es, sich nach innen zu kehren. Wer sich dieser Aufgabe rechtzeitig widmet, entwickelt durch seine Bewusstseinserforschung nach und nach einen inneren Zufluchtsort, an dem er sich ausruhen kann. Einkehr gibt Halt. Ein Raum zum Sichentspannen und Auftanken ist wie ein Anker, der verhindert, dass man von Turbulenzen mitgerissen wird. Diesen unsichtbaren Ort könnte man auch mit einer Krücke oder Gehhilfe vergleichen. Nicht nur im Alter geht es sich mit Stock besser.

Es ist aber auch nie zu spät, sich nach innen zu wenden. Es ist allerdings nichts, was man zum Feierabend macht oder in die Freizeit verschiebt. Es ist ein konstantes Sich-auf-sich-selbst-Einlassen, das den ganzen Tag lang bewusst praktiziert werden kann. Wird man mit zunehmendem Alter gebrechlicher und ist körperlich beeinträchtigt, sind die Voraussetzungen nicht mehr optimal. Ist man dann damit beschäftigt, wieder gesund zu werden, und sorgt man sich um seine Vitalität, stehen die Chancen gering, sich auch noch um die seelische Ebene kümmern zu können. Offenherzig, gefestigt und geistig stark altern ist das Ziel, das wir bewusst anstreben sollten. In jungen Jahren ist vieles unbeschwert und frisch, der Körper voller Elan und man selbst voller Tatendrang. Sobald man sich die Hörner abgestoßen und die ersten dreißig Lebensjahre hinter sich gelassen hat, wird das Leben ganz von selbst zu Veränderungen einladen. Um bewusster zu leben, muss man nicht erst in eine Katastrophe schlittern, das geht auch vorher schon. Viele haben die Veranlagung, sich früher zu entfalten, manche nicht. Es wird bei jedem so sein, wie es sein soll; und egal, wo man steht, niemand ist besser oder weiter. Wir stehen immer alle am selben Punkt, obgleich unsere Blicke und Intentionen in unterschiedliche Richtungen schweifen.

Als ich in jungen Jahren meine Liebe für die Arbeit mit Holz entdeckte, begann für mich ein Lebensabschnitt, der die Grundlage für alle weiteren Schritte war. Ein Handwerk zu erlernen, macht nicht nur Spaß und Freude, es ist sehr bereichernd und man lernt etwas fürs Leben. Man formt etwas mit seinen Händen, bekommt einen Bezug zu natürlichen Materialien und eignet sich eine Fähigkeit an, auf die man ein Leben lang zurückgreifen kann. Ich wollte nicht mehr die Schulbank drücken, weil mir das zu einseitig war. Und vielleicht hätte ich meine Berufung verfehlt, wenn ich studiert hätte. So probierte ich mich in einigem aus, bildete mich fort und lernte dazu. Schon bald sollte ich auch andere Menschen etwas lehren und sie unterrichten. Dahin führte mich meine Begeisterung für Judo. Ich war so eifrig bei der Sache, dass ich das Erlernte schon bald weitergab. Auch hier habe ich viel mitnehmen können. Im Judo geht es ja nicht darum, einen Menschen zu bekämpfen, sondern ihm seine Schwächen aufzuzeigen. Es bedarf neben der Technik, die man sich aneignet, der vollen Konzentration. Die Fokussierung auf den Einklang zwischen Körper und Geist ist eine gute Schule fürs Leben. Die nötige Leidenschaft ist gewiss von Vorteil und daran hat es in meinem Fall nicht gemangelt.

In der späteren Rolle als Unternehmensberater fühlte ich mich ebenfalls wohl. Etwas ganz anderes als Handwerk, aber sehr interessant. Ich wollte etwas erreichen, am besten ganz hoch hinaus. Mit diesem Wunsch stand ich nicht allein da. Jeder Mensch hat ein Ziel vor Augen und strebt nach Erfüllung. Hier geht es nicht unbedingt um Geld oder Besitz, sondern um Selbstverwirklichung. Man möchte eine gewisse Unabhängigkeit und Selbstständigkeit erreichen, die einem Sicherheit und Vertrauen schenken und gleichzeitig ein Fundament fürs Leben bereiten. Natürlich wollen wir uns auch etwas leisten. Wenn man viele Jahre von den Eltern abhängig war, ist es natürlich schön, wenn man nicht bei jeder Anschaffung um Geld bitten muss. Es entwickelt sich ein Gefühl von Freiheit, auch wenn es nicht die eine Freiheit ist. Wir alle waren in jungen Jahren auf das angewiesen, was wir von zu Hause bekommen haben. Und dieses Sichlösen, der Aufbruch zu einer gewissen Selbstbestimmung, ist Teil der Abnabelung.

Ich durfte mich vielen Aufgaben stellen, und so vergingen die Jahre, bis ich mich dort wiederfand, wo ein weiterer völlig neuer Lebensabschnitt auf mich wartete. In meiner langjährigen Tätigkeit als Heilpraktiker ging ich voll auf. So vielen Menschen hilfreich zur Seite zu stehen, erfüllte mich sehr. Ein wichtiger Abschnitt meines Lebens, der nicht nur meine schriftstellerische Tätigkeit einläutete, sondern mich in Bereichen wie Geistheilung, Hypnose, Psychokybernetik und Hypnomeditation forschen ließ. Die Erkenntnis, dass der Mensch außen und innen heil sein muss und wir das Leben als Ganzes betrachten müssen, entfachte mein Interesse für die Bewusstseinslehre, der ich mich eines Tages ganz annehmen durfte. Als Lebenscoach oder Bewusstseinstrainer konnte ich die lehrende Rolle weiter ausbauen und mich auch selbst darin vertiefen. Wenn auch von vielen geschätzt, verehrt und geliebt, so wurde ich gleichermaßen ebenso gemieden.

Der Begriff »Esoterik« wird heute noch belächelt, obwohl viele keine Ahnung haben, was es damit auf sich hat. Er steht für den inneren spirituellen Erkenntnisweg und erlebte in den 80er- und 90er-Jahren einen regelrechten Boom. Unter anderen Bezeichnungen lässt sich diese Lehre, die bis heute die Gemüter bewegt, bis hin zur Antike zurückverfolgen.

Mir war es nicht so wichtig, was die Menschen über mich sagten oder dachten. Es kann ohnehin keiner etwas anderes tun als das, was für ihn gemeint und ihm zugedacht ist. Ich spürte den Aufbruch und Umbruch im Bewusstsein der Menschen und wusste genau, dass ich für das bestimmt war, was ich tat. Der Drang, Bücher zu schreiben und Seminare zu halten, verstärkte sich. Immer bin ich meiner inneren Stimme gefolgt – und ich lege jedem ans Herz, das zu tun. Auch wenn die äußeren Umstände im Verlauf des Weges steinig und schwer sind: Wende dich nie von deiner Intuition ab, sondern vertraue ihr!

Ungelöstes und Veranlagungen bringen wir ins Leben mit. Ganz so frisch ist es also nicht bei der Geburt, wie wir meinen. Jeder Tag aber ist neu, und es liegt an uns, mit welchen Gedanken und Taten wir ihn füllen und welche Verhaltensmuster, Programme und Gewohnheiten immer wieder aufflammen. Vieles geschieht unbewusst, und ob wir wollen oder nicht, es hat sich ein Automatismus entwickelt, der tief in uns verwurzelt ist. Natürlich können wir auf das Leben Einfluss nehmen, doch wir können nicht gegen unsere Wesenszüge handeln, die uns sozusagen in die Wiege gelegt wurden. Hinzu kommen jede Menge neue Erfahrungen, die wir Tag um Tag ansammeln, die uns beeinflussen und aufs

Neue prägen. Die Rahmenbedingungen sind gegeben. Wir können unsere Räume geschmackvoll einrichten, aber der Raum verändert sich nicht. Ob Jugendstil, moderne Einrichtung oder Cottage-Style, das Haus bleibt dasselbe. Wird dieses renoviert, sieht es zwar anders aus, aber es ist immer noch dasselbe Haus am selben Ort. So verhält es sich auch im Alltag.

Mach das Beste aus den Gegebenheiten und nimm sie wohlwollend an. Diese Einstellung erleichtert das Leben. Richte dich in deinem Herzen so gut du kannst ein, und vermeide es dagegenzusteuern. Die Umstände sind gut, wie sie sind, und sie sind ständig im Wandel. Dein Haus muss nicht größer oder schöner sein. Erfülle es mit der Schönheit deines höchsten Selbst und lass dich von niemandem davon abbringen. Alles hat seine Richtigkeit.

Das Leben als Lehrer

Vielleicht befindest du dich gerade in einer Situation, in der du dich nicht wohlfühlst. Das kann gut sein, es geht vielen so. Das Leben besteht aus Höhen und Tiefen. Wenn wir unten sind, wollen wir nach oben, und wenn wir oben sind, setzen wir alles daran, dort zu bleiben. Dass niemand unten sein will, versteht sich von selbst, aber dennoch sollten wir uns mit den tiefen Tälern vertraut machen, sie nicht abwehren, sondern beherzt auf sie zugehen. In den schwierigsten Momenten lernen wir am meisten. Je dunkler es ist, umso besser lässt sich Licht erkennen. Davonlaufen und ignorieren funktionieren nicht, die Augen verschließen ebenso wenig. Da fallen mir die kleinen Kinder ein, die einfach die Augen zukneifen, wenn sie etwas nicht sehen wollen. Auch beim Versteckenspielen gehen sie davon aus, unsichtbar zu sein, wenn sie mit geschlossenen Augen stillhalten. Als Erwachsene verhalten wir uns manches Mal ähnlich und blenden Fakten einfach aus. Wir hoffen, sie dadurch abhängen zu können. Dass das nicht funktioniert, wissen wir natürlich, denn das, wovor wir uns drücken, hängt uns beharrlich an den Fersen. Das ist aber nicht schlecht. Das muss so sein, da alles Unbehagliche ein freundlicher Weckruf ist, der uns dazu einlädt, die Augen zu öffnen und zu erkennen.

Viele Menschen wissen nicht, dass uns das, was wir ablehnen, eigentlich gut gesinnt ist und uns etwas mitteilen möchte. Warum sagt uns das niemand? Halten wir die Augen offen, um zu erfahren, wie bedeutend es ist, den schwierigen und guten Phasen gleichermaßen zu begegnen. Jeder kann das! Es braucht einen Ansporn und einige Impulse von außen, die in diesem Buch facettenreich und in verschlüsselter Form reichlich vorhanden sind.

Zweifelst du noch, oder bist du schon davon überzeugt, dass es das Leben gut mit dir meint und dass du vor nichts Angst zu haben brauchst? Dann bist du ein gesegneter Mensch. Wer Angst hat, dem fehlt das nötige Vertrauen, und schon sind wir wieder bei dieser wunderbaren Tugend gelandet. Wir alle sind schon enttäuscht worden, der eine mehr, der andere weniger. In keinem Fall gibt es einen Grund, sein Vertrauen in das Leben zu verlieren. Wie wichtig dieser Grundsatz ist, erfährst du, wenn du nicht mehr vertraust, denn Misstrauen vergiftet die Seele. Sei mutig und wisse, dass dich das Leben nicht vor Aufgaben stellt, die du nicht bewältigen kannst. Auch darauf kannst du vertrauen, denn Bewusstwerdung ist dir gewiss.

Es mag einfacher klingen, als es ist, und ja, es ist eine Herausforderung, aber »Herausforderung« ist nur ein anderes Wort für »Leben«. Niemand kann sich vor dem Leben verstecken oder ihm ausweichen. Du hast vor deiner Geburt eine Karte gezogen – mit Aufgaben, die es zu bewältigen gilt. Es ist möglich, auch dann ruhig, gelassen und im Vertrauen zu bleiben, wenn unser Boot schwankt.

Je mehr wir versuchen, die Wogen zu glätten, desto wilder wird der Seegang und desto unkontrollierter die Fahrt. Je mehr man sich dagegen wehrt, umso wackeliger wird es im schwankenden Boot. Es könnte kentern.

Wann sich das Meer wieder beruhigt, bestimmen nicht wir. Aber wir können etwas dazu beitragen und uns weise verhalten. Wenn wir erkennen, dass ein dementsprechendes Verhalten die Wellen nicht einschüchtern kann, können wir es auch sein lassen. Sie werden nur noch stürmischer und tosender und bäumen sich auf, wenn wir uns wehren. Wenn du im Moment unzufrieden bist, ist es an der Zeit, die Sachlage deiner Lebenssituation und dich selbst etwas genauer unter die Lupe zu nehmen. Zu hoffen, dass sich das Wirrwarr irgendwann von selbst erledigen wird, ist definitiv keine Lösung.

Dass das Leben nicht immer geradlinig und gemütlich verläuft, versteht sich von selbst. Warum wünschen wir es uns dann? Manches läuft schief. Vielleicht muss das so sein. Vielleicht ist das Leben dazu da, uns Steine in den Weg zu legen, damit wir sie wegräumen? So bleiben wir in Schwung, schlafen nicht ein, bleiben kreativ und werden gefordert. Äußerst wichtige Aspekte, die wir nicht vergessen dürfen, wenn wir wieder einmal mit dem sogenannten Schicksal hadern. Wir können noch so viel lernen wie Geduld, Leichtigkeit, Gelassenheit, Achtsamkeit, Demut, Dankbarkeit, Sorgfalt, Hingabe, Respekt oder Kreativität. Hast du all diese Eigenschaften schon entwickelt? Wenn nicht, dann schlüpft das Leben in eine bestimmte Gestalt oder Situation und erteilt dir Nachhilfeunterricht. Niemand ist davon ausgenommen. Das macht Mut und hinterlässt das gute Gefühl, in herausfordernden Lektionen nicht alleine dazustehen.

Eigentlich gibt es keine unguten Lektionen, nur solche, die wir noch nicht erledigt oder begriffen haben. Sie sind erst dann erfüllt, wenn wir realisiert haben, was sie uns zu sagen haben. Kein Ereignis ruft dir zu: »Hallo, ich bin eine doofe Lektion!« Du erachtest sie als solche, weil sie dir – deiner Meinung nach – in die Quere gekommen ist. Zufriedenheit trägst du in dir, die Lektion selbst verfügt über keinerlei Eigenschaften.

Bei keinem Menschen läuft es immer rund. Dies bedeutet, dass wir auf eine gewisse Weise alle unrund sind und noch geschliffen werden müssen. Der rohe Diamant, der nach und nach seine Schönheit nach außen kehren wird, erinnerst du dich?

Es gibt Tage, da läuft so einiges schief. Davon gibt es zuhauf. Schon wieder hat sich etwas quergestellt. Und einmal mehr haben wir mit großen Anstrengungen und Herausforderungen zu kämpfen, die wir morgens beim Aufstehen nicht vorhersehen konnten und keineswegs erwartet haben. Schon wieder! Dieser ewige Schon-wieder-Gedanke nervt irgendwann auch uns selbst. Wenn man weiß, dass es durchaus seinen Sinn hat, warum uns schon wieder so etwas passiert, können wir uns entspannen. Runde Tage sind selten. Kein Wunder, auch wir sind selten rund. Das Unrundsein könnte demnach auf den Tag abfärben. Wer mit dem linken Fuß aufgestanden ist, wird sich kaum in einen harmonischen Rhythmus einpendeln. Jeden Tag warten Aufgaben auf uns, denen wir uns stellen müssen. Willkommen im Leben. Diese Wiederholungen sind notwendig. Ich sehe es als seine Taktik, um uns wachzurütteln.

Dass Probleme und Schwierigkeiten ganz anders sind als vermutet, wird uns irgendwann nicht nur bewusst, sondern vollkommen klar erscheinen. Solange wir nicht zu uns erwacht sind, werden Hürden und Hindernisse wertvolle Wegbereiter bleiben. Heiße sie willkommen und wachse an ihnen. Wie wäre es, über sie hinwegzuspringen, anstatt sie zu bemängeln? Du kennst ja die Aussage, dass man aus den Steinen, die einem in den Weg gelegt werden, etwas Schönes bauen kann. Dazu muss man sie in die Hand nehmen. Vor ihnen die Hände zu verschränken und zu schmollen, bringt nichts. Die Steine helfen uns dabei, uns zu verändern, uns neu zu orientieren, innezuhalten oder etwas zu überdenken. Wenn wir das nicht nur wissen, sondern auch umsetzen, haben wir einen Riesenschritt nach vorn gemacht und einen Schlüssel benutzt, der uns direkt Richtung Weisheit führt.

Die Natur der Intuition

Ist das Leben ein Spiel? Für das Ego bestimmt, da es sich auf diesem Spielplatz so richtig austoben kann. Mit dieser Metapher wird das Leben gern dargestellt, weil darin Gewinner und Verlierer sichtbar werden. Aus menschlicher Sicht mag das so sein, aus universeller Sicht existieren weder Gewinner noch Verlierer. Nur für den, der unterscheidet, existieren Unterschiede.

Die große Lebensaufgabe lautet: Entdecke dich selbst, entdecke dein Selbst! Diese Aufgabe kann nicht im Handumdrehen gelöst werden. Wie wir bereits wissen, besteht sie aus vielen kleinen Schritten. Die vielen Treppen und Stufen zeugen davon. Gut, dass es Schlüssel gibt, um für jede Erfahrung gewappnet zu sein. Sie helfen uns dabei, uns unserer Bestimmung anzunähern und ihr gerecht zu werden.

In einer Gesellschaft gibt es Spielregeln. Wer sie nicht befolgt, riskiert das harmonische Zusammenleben und schürt mit großer Sicherheit Schwierigkeiten. Man spricht immer von Eigenverantwortung. Würde jeder ohne Rücksicht auf Verluste tun, was er will und wonach ihm gerade der Sinn steht, wäre großes Chaos vorprogrammiert. Es ist eine Frage des Bewusstseins, wie man Menschen erlebt, mit ihnen umgeht und das Zusammenleben gestaltet. Eigenverantwortlich zu leben, heißt nicht, eigenmächtig zu agieren, sondern für alles Verantwortung zu übernehmen. Wer nach eigenem Gutdünken, nach seinen Launen und Vorstellungen ichbezogen durchs Leben geht, hat die Bedeutung von Leben aus den Augen verloren. Demnach ist es gut, dass es Regeln gibt und wir aufeinander weitgehend angewiesen sind. Kein Mensch kann allein existieren. Diese Tatsache zeugt davon, dass das Ganze für den universellen Ablauf von großer Bedeutung ist.

Für alle Aufgaben können wir den Zauberstab Gedankenkraft und die Vorstellungskraft der Imagination gezielt nutzen. Wenn Gedanken so machtvoll sind, warum setzen wir sie nicht ein, um ihre Kraft auf unsere Vorhaben und unser Wohlbefinden zu lenken? Auch die Intuition kann Unglaubliches bewirken. Sie ist unser Lebenselixier. Eigentlich gibt es keine intuitiven und weniger intuitiven Menschen, jeder verfügt über diese tiefe Verbundenheit mit seinem inneren Selbst. Es gibt aber Menschen, für die diese Fähigkeit nicht spürbar ist, weil sie sich zu sehr im Alltag verlieren. Wir können diese innere Stimme nur schwer hören, wenn wir ständig beschäftigt sind und der Kopf nicht zur Ruhe kommt.

Bestimmt kennst du das Buch *Gespräche mit Gott* von Neale Donald Walsch oder hast zumindest schon davon gehört. Es vermittelt den Anschein, dass es einen direkten Dialog zwischen dem Autor und Gott gäbe. Manch einer hat sich das bestimmt schon herbeigewünscht und vergebens auf eine Stimme gewartet. Wenn man wartet und sucht, riskiert man, das zu überhören oder zu übersehen, was bereits vorhanden ist. Das höchste Selbst spricht in jedem Augenblick zu uns, nur anders, als wir es meinen. Es spricht zu dir durch Ereignisse, Begegnungen, Menschen, Tiere und Bäume, durch die Gezeiten, das Wetter, deine Arbeit und deine Freunde, kurzum durch alles, was dich umgibt. Wer das erkennt, hat einen weiteren Schlüssel in der Hand und kann ungehindert Kurs auf das Selbst nehmen.

Alles will uns etwas sagen, nur tun wir uns schwer damit, es zu verstehen. Weil unsere Wahrnehmung über die Sinneswahrnehmungen erfolgt, wird die reine direkte Wahrnehmung verdrängt. Die bewussten Sinneswahrnehmungen und Gedanken haben sich wie ein Tuch über das intuitive Empfinden gelegt. Dieses Tuch war nicht immer dort und lässt sich auch wieder entfernen. Lass uns damit beginnen, ein Stück Tuch nach dem anderen wegzunehmen. Dies bedeutet, die intuitive Wahrnehmung bewusst zu schulen, Zerstreuungen zu reduzieren und Gedanken zu beobachten, anstatt sie zu füttern und zu vermehren. Ein ganzes Arsenal an Schlüsseln!

Um noch einmal auf die Intuition zurückzukommen: Sie ist ein ganz natürlicher Teil unseres Wesens. Vielleicht ist es gerade deshalb schwierig, Zugang zu ihr zu finden, weil sie ständig vorhanden ist. Das heißt, dass wir sie nicht hören, weil wir nicht auf Empfang sind. Wenn wir hier das Radio als Metapher heranziehen, bedeutet das, dass die Frequenz nicht stimmt. Bewegen wir uns ständig in Frequenzen des Egos, wo Wollen und Wünsche vordergründig sind, dürfen wir uns nicht wundern, wenn wir feinere Impulse nicht vernehmen. Sich auf die Frequenz der Intuition einzustellen, bedeutet, die Frequenz der Sinne bewusst zu verlassen und sich immer wieder auf sich selbst zu zentrieren. Konzentriere dich auf das Herz. Bleib bei dir! Ein wunderbarer Schlüssel, der, einmal angewandt, nicht nur sehr effektiv ist, sondern eine Umkehr bewirken wird. Dafür kannst du auch jeden anderen beliebigen Punkt in deinem Körper auswählen oder bewusst deinem Atem folgen.

Die Intuition überträgt die Allwissenheit höchsten Bewusstseins auf die individuelle Verkörperung. Es ist die Übertragung einer unbegrenzten Dimension in die begrenzte menschliche Erfahrung. Sie muss mit Verstand oder Gefühl nicht konform gehen und ist vollkommen frei von Irrtümern. Da der Mensch bei der intuitiven Wahrnehmung sozusagen die Aufgabe eines Übersetzers übernimmt, kann es zu falschen Ergebnissen kommen. Verfälschte Auffassungen sind menschlich. Wenn du unsichtbare Informationen in das sichtbare Feld überträgst, kleidest du Unsichtbares in Worte, was ein heikles Unterfangen darstellt. Bei Übersetzungen in andere Sprachen kann man sehen, dass sich wohl oder übel Fehler einschleichen. So wird das englische Wort »mind« oft mit

»Geist« übersetzt. Dadurch kann das Wort »Geist« nur allzu leicht mit dem Begriff »Verstand« verwechselt werden. Geist ist »spirit«, und »mind« steht für den Verstand. Ich habe viele Bücher in den Händen gehalten, in denen das falsch übersetzt wurde, was viele Leser in die Irre geführt hat. Natürlich beeinflusst der Inhalt eines Buches den Leser. In jeder Veröffentlichung liegt eine große Verantwortung.

Wir sind alle multidimensionale Wesen und weit mehr, als der linear denkende Verstand erfassen kann. Wenn wir eine Entscheidung treffen müssen und nicht wissen, was richtig oder falsch ist, ist und bleibt die innere Stimme der beste Ratgeber. Eine notwendige Erfahrung kann zwar als richtig oder falsch angesehen werden, passt aber in jedem Fall. Auch eine als falsch erachtete Entscheidung ist in jedem Fall hilfreich und wegweisend. Man muss dies nur erkennen. So sollten wir nicht im weitverbreiteten Schwarz-Weiß-Denken hängen bleiben, sondern dem Leben vertrauen. Die Welt, in der wir leben, wird von Gegensätzlichkeiten bestimmt. Warm und kalt, hoch und tief, hell und dunkel, gut und schlecht – Polaritäten bestimmen unser Hiersein.

Eine Entscheidungsunsicherheit muss nicht sein. Wenn es an der Zeit ist, Entscheidungen zu treffen, wird dies geschehen. Soll ich mich von meinem Partner trennen? Soll ich mir eine andere Arbeit suchen? Soll ich einen Kredit aufnehmen? Soll ich ein Haus mieten, kaufen oder bauen? Es gibt unendlich viele Fragen, die man sich besser erst gar nicht stellen sollte, weil sie sich nicht beantworten lassen. Ist es nicht eigenartig, sich zu fragen, ob man sich von seinem Partner trennen soll, wenn man sich noch in der Partnerschaft befindet? Hätte man sich nicht längst getrennt, wenn es so sein sollte? Verweile in diesem Satz und lass ihn auf dich wirken. Wenn du dir die Frage nach einer Trennung stellst, zeugt das von Unsicherheit. Wenn du unsicher bist, scheint die Situation noch nicht die Reife für ein Ende zu haben. Die Birne fällt erst vom Baum, wenn sie reif ist. Dies besagt alles. Man kann es nicht oft genug betonen, dass man die Dinge nicht kaputtdenken, sondern lediglich beobachten soll. Durch die Beobachtung erkennt man viel. Nur durch sie können wir klar werden und aus dem Herzen heraus handeln. Durch Nachdenken geht die Beobachtung verloren. So werden Botschaften zerstört oder auch überhört. Die Beobachtung ist es, die uns lenkt und uns unsichtbare Türen öffnet. Vielleicht ist sie ja eine Art versteckter Schlüssel?

Wie soll die Intuition zu uns kommen, wenn der Raum bereits besetzt ist? Er ist voller Gedanken, Vorstellungen, Überlegungen, Sorgen und Wünschen. Da bleibt kein Platz für die Sprache des allerhöchsten Bewusstseins. Ausmisten ist angesagt. Je leerer der Raum wird, umso einladender ist er für die Intuition. Sie besucht dich rund um die Uhr, doch aufgrund des Gehirn-Sammelsuriums ist ihre Mühe oft vergebens.

Solange der lärmende Verstand die Empfangsleitung besetzt, wird die Intuition nicht zu Wort kommen. Wir telefonieren ja auch nicht mit zwei Menschen gleichzeitig. Wenn uns jemand anruft und wir bereits im Gespräch sind, ist die Leitung besetzt. Dies gilt natürlich für die Telefone meiner Zeit, in der digitalen Welt von heute sieht das etwas anders aus. Also: Gedanken raus aus dem Kopf, Intuition rein.

Zieh dich aus deiner Gedankenwelt zurück, damit du die Intuition empfangen kannst. Je mehr du ins Beobachten kommst, umso eher wirst du dich der Intuition öffnen.

Das Ziel in dir

Wir wissen nicht, warum die Dinge so sind, wie sie sind – und das ist gut so. Solches Wissen würde uns eher im Weg stehen, als einen Nutzen zu bringen. Wir neigen dazu, alles wissen zu wollen, auch wenn es um die Zukunft geht. Stell dir vor, du würdest jetzt wissen, was nächstes Jahr passiert – das wäre eine Katastrophe. Erstaunlich, wie viele Menschen sich für Vorhersagen und Zukunftsprognosen interessieren, wo es doch das Salz des Lebens ist, sich von dem, was kommt, überraschen zu lassen. Jeder Tag birgt eine neue Chance in sich. Wir können immer wieder aufs Neue bestaunen, was geschieht und wie einfallsreich sich der Alltag zeigt. Wenn das kein Abenteuer ist! Wie wir wissen, ist der Alltag der wichtigste und der beste Lehrer. Erkennen wir das, können wir jeden Tag etwas für unsere Innenbildung tun, unser Menschsein optimieren und dadurch an Reife gewinnen. Bewusstwerdung ist ein Prozess, und das Leben hilft uns dabei, wo es nur kann.

Zweifle nicht an dir und auch nicht an deiner Lebenssituation. Zweifeln liegt in der Natur des Menschen und ist zur Gewohnheit geworden. Man stellt so vieles infrage, anstatt sich auf die Fülle des Augenblicks einzulassen. Warum, weshalb, wozu? Fragen über Fragen. Vielleicht hätte ich …? Vielleicht sollte ich …? Vielleicht wäre es anders besser …? Fragen wir deswegen, weil wir im Dunkeln tappen und keine Ahnung davon haben, vielleicht so oft, warum die Dinge so sind, wie sie sind? Weil wir sie einfach nicht verstehen können? Das mag sein, aber wozu muss man überhaupt so vieles wissen? Muss man alles wissen? Wissen und denken wir nicht ohnehin zu viel? Braucht es noch mehr Wissen, das uns wie Schranken den Weg blockiert? Es führt höchstens zu weiteren Missverständnissen und noch mehr unnützen Überlegungen, auf die wir eigentlich gut verzichten könnten. Neben dem rationalen gibt es aber auch noch das intuitive Wissen, das uns niemals den Weg erschweren, sondern stets die Richtung zeigen wird. Orientiere dich an deinem Bauchgefühl, an deiner Intuition.

Auch wenn wir nicht mit Absicht etwas Belastendes verursachen wollen, so sind wir dennoch am Verlauf des Lebens beteiligt. Das geschieht unbewusst, denn durch unbewusstes Verhalten passiert häufig gerade genau das, was wir eigentlich verhindern möchten. Je mehr Erfahrungen wir sammeln, die uns zusetzen und schwächen, umso vorsichtiger und verletzlicher werden wir. Wir werden unsicher und verlieren an Spontaneität. Trotzdem ist es unerlässlich, sogenannte Fehler zu machen, Erfahrungen, die notwendig sind. Erfahrungen sind Lebensaufgaben, die nie schwierig sind, wenn man sich ihnen stellt, sie erkennt und wieder weitergeht. Alle Erfahrungen verdienen Dankbarkeit, denn sie sind unsere Lehrer.

Unzählige Stationen durchlaufen wir, bis wir zum Ziel gelangen. So denken wir, doch gibt es das Ziel wirklich? Ja, das gibt es, aber es ist nicht irgendwo, sondern bereits da. Wir sind nicht nur vom Ziel umgeben, wir sind das Ziel. Oder besser gesagt: Das Ziel ist in uns. Wer es außerhalb sucht, wird es nicht finden. Lebensziele, die Erfahrungen gleichen, dürfen allerdings nicht mit dem einen Ziel, das der Ursprung des Lebens selbst ist, verwechselt werden. Ihn gilt es zu erforschen. Weil wir uns über unser Ego definieren, das lediglich die Ausdrucksform des wahren Seins ist, erleben wir uns als Teil des großen Ganzen. Alles Sichtbare erscheint als ein Ding, ein Gegenstand oder eine Sache, aber können wir wirklich ein Teilstück sein?

Wir sollten uns bewusst machen, dass wir uns stets vom Ziel fortbewegen, wenn wir es versäumen, den Fokus auf das eigentliche Ziel zu richten. Wer nach vorn in die Zukunft oder zurück in die Vergangenheit blickt, tut dies von der Gegenwart aus. Auch diese definiert sich über das Zeitempfinden. Nachdenken, Sorgen und Eile verdrängen den Augenblick und spielen sich in der Gegenwart ab. Der Augenblick ist das, wo wir eigentlich hinwollen, und er ist immer nur jetzt – und insofern absolut zeitlos.

Dieses unsichtbare Ziel in uns werden wir alle irgendwann entdecken. Bis dahin können wir uns um die irdischen Ziele kümmern, die wir benötigen, um die unsichtbaren Treppen hochzusteigen. Sich Ziele zu stecken, heißt unter Umständen auch, Erfahrungen zu sammeln, die einem aufzeigen, was man besser sein lassen sollte. Auch wenn man mit einer klaren Definition fast alles erreichen kann, sollte man nicht vergessen, sich zu fragen, ob das Vorhaben wirklich notwendig ist. Ist das Ziel ein Wunsch, ein Wollen, das vom Ego ausgeht, oder ist es ein innerer Drang, dem ich folge? Eine Ernte wird sich so oder so einstellen. Deren Auswirkungen werden den Geschmack der jeweiligen Ambition, der Saat oder Ursache haben. Das Ergebnis entspricht der Aussaat zu 100 Prozent, ganz gleich, ob sie Gefallen findet. Es ist also eine wichtige Frage, was mit dem weltlichen Ziel erreicht werden soll. Dient es der Befriedigung des Egos oder dient es der Welt? Die Antwort kann sehr lehrreich sein. Ein Projekt oder Vorhaben fallen zu lassen, ist keine Schwäche. Etwas aufzugeben zeugt von Stärke, vor allem wenn es das Beste ist, sich umzuentscheiden. Was das Beste ist, kann niemand sagen, außer der, der in sein Herz eintaucht und dort die Antwort findet.

Wenn etwas sein soll, wird sich ein Weg finden. Dabei kann das Imaginieren helfen. Es bedeutet, dass du dir nicht nur etwas wünschst, sondern es so erlebst, als ob es bereits eingetroffen wäre. Zuvor musst du natürlich wissen, was du willst, denn ohne diese Entscheidung kann dir das Leben nichts bieten. Danach muss der Wunsch geistig in Besitz genommen werden, damit er sich erfüllen kann – und zwar auf allen Ebenen. Wichtig ist, dass es bis zur Erfüllung keine Zweifel gibt, du den Wunsch nicht infrage stellst und in deiner Vorstellung klare Bilder vor dir siehst. Diese kann man ganz leicht zum Leben erwecken und detailliert ausschmücken, wenn man sie wirklich spürt. Das dazugehörige Gefühl verstärkt diese Vorstellung und wird dich deinem Ziel näherbringen.

Lass dir Zeit

Du hast bestimmt schon viele Erfahrungen gesammelt und hättest einige davon lieber vermieden. Wenn wir zurückblicken, verstehen wir manchmal gar nicht, warum wir irgendetwas Bestimmtes gemacht haben. Wie habe ich das bloß tun können, fragen wir uns dann. Das Problem ist allerdings nicht das, was du einst getan hast, sondern, dass du es infrage stellst. Was bringt es, nach einem Grund zu suchen? Warum nicht einfach akzeptieren, was war, und loslassen, was längst Geschichte ist? Die unzähligen Erlebnisse und Dinge tragen sich einfach zu, auch ohne unser Zutun. Es sind keine Probleme, auf die du zurückblickst, es sind lediglich Erfahrungen. Das kann nicht oft genug wiederholt werden. Ganz gleich, wie deine Erlebnisse aussehen mögen, sie sind wertvoll, weil sie dir entsprechen, zu dir gehören und dir dabei halfen, dorthin zu gelangen, wo du jetzt stehst. Ich denke, dass du das weißt, aber Wissen ist völlig wertlos, wenn es nur verstanden wird. Uns muss im Moment einer Erfahrung bewusst sein, dass sie lediglich eine Auswirkung ist. Ich kann sie annehmen, als notwendig erachten und einfach an mir vorübergehen lassen.

Ob du mit deiner jeweiligen Istsituation zufrieden bist oder nicht, entscheidest du selbst. Halte sie nicht fest und sei mit ihr im Reinen! Festhalten und sich darin aufhalten verzögern nur den Wandel, den jede Erfahrung mit sich bringt. Es ist besser, mit ihr im Einklang zu sein, Unzufriedenheit schadet nur. Sei mit dem Leben einverstanden und alles ist gut. Und schon wieder ein paar Schlüssel, die dir die Weiterreise Richtung unpersönliches Selbst erleichtern. »Willst du glücklich sein? Dann sei es!« Kennst du dieses tolle Zitat? Findest du es gut oder lebst du es schon? Es ist nicht nur weise, sondern bringt es auf den Punkt. Die Vergangenheit ist vorbei und die Zukunft kann sich immer nur im Jetzt zeigen. Warum also nicht einfach glücklich sein?

Es gibt keine überflüssigen Erfahrungen. Jede einzelne bezieht sich auf dich. Den Hergang der Dinge bestimmen wir nicht direkt, auch wenn sie unserer Gedankenwelt entsprechen. Man sagt: So wie du dich bettest, so liegst du. Wie du mit Dingen umgehst, an sie herangehst und sie meisterst, hängt von unendlich vielen Faktoren ab. Auch Weltbild und Gesinnung spielen eine große Rolle, denn sie sind es, die auf dein Denken Einfluss nehmen. Die Handlungen, die daraus entstehen, folgen demnach wiederum nur einer Wirkung. Sich in Bezug auf sein Verhalten Vorwürfe zu machen oder anderen zu sagen, wie sie es besser hätten machen können, bringt nichts außer Missstimmung. Jeder gibt sein Bestes und macht es auf seine Art, so gut er kann. Man sollte die Dinge nicht schwarz, aber auch nicht mit der rosaroten Brille sehen, am besten mit dem Herzen. Wie sagt man so schön: Nichts ist so heiß, wie es gekocht wird! Und nichts ist wirklich schlimm, wenn man sich innerem Wissen öffnet und seine Unklarheiten aus dem Weg räumt. Sie sind es, die uns das Leben als mühsam und anstrengend empfinden lassen. Im Grunde genommen gibt es nichts, was falsch oder überflüssig ist.

Jede Erfahrung festigt uns und macht uns reifer. Langsam schreiten wir auf unserem Lebensweg voran und so soll es auch sein. Schnelligkeit brächte uns nur zum Stolpern. Es ist wie mit der Raupe, die sich Schritt für Schritt aus ihrem Kokon lösen muss, bevor sie zum Schmetterling wird. Erst dann kann sie fliegen. Wir brauchen ebenfalls Zeit und können nicht in den Kindergarten gehen, um danach Manager zu sein. Geduld ist angesagt. Entwicklungsschritte sind ein natürlicher Prozess. Sie sind nicht nur notwendig, sondern auch wertvoll. Wenn du dir das Wort »not-wendig« etwas genauer ansiehst und es auf dich wirken lässt, fällt dir diesbezüglich etwas auf? Not-wendig. Plötzlich offenbart sich der Sinn des Wortes: die Wende in der Not. So stellt auch jede Erfahrung einen potenziellen Richtungswechsel dar. Bevor es aber losgeht, erfolgt eine innere Wende, die meist mit einer Erkenntnis einhergeht. Es gibt so viele Wörter, die falsch verstanden werden. Man spricht sie unbedacht aus oder liest darüber hinweg, anstatt sich auf die Botschaft der Worte einzulassen. Dazu fallen mir unzählige Beispiele ein, darunter etwa das Wort »eingebildet«. Liest man im Wiktionary nach, stößt man auf folgende Umschreibung: Ein eingebildeter Mensch ist jemand, der von seinen Fähigkeiten allzu sehr überzeugt ist. Würdest du das auch so interpretieren? Wie fühlst du dich, wenn jemand zu dir sagt, dass du eingebildet seist? Schlecht?

Du könntest dich auch gut fühlen, wenn du die wahre Bedeutung des Wortes erkennen oder dich nicht persönlich angegriffen fühlen würdest. Etwas Ein-Gebildetes ist etwas nach innen Gebildetes, also ein Bild, das im Inneren erscheint. Neutral betrachtet weist das auf die wahre Identität des Menschseins hin. Jeder Mensch hat seine eigenen Bilder im Kopf, seine Ansichten und Interpretationen. Deshalb werden auch Erklärungen und Worte unterschiedlich aufgefasst. Lass den Satz »Du bist eingebildet« im Stillen auf dich wirken. Wenn du möchtest, dann beobachte, wie du darauf reagierst und wie du dich fühlst. Wird es still in dir, löst es Widerstände, Unverständnis oder Unsicherheit aus? Vielleicht empfindest du nichts und kannst dabei in eine völlige Entspannung eintauchen, abschalten und einfach nur sein.

Ich freue mich, wenn jemand zu mir sagt, dass ich ein-gebildet sei. Dann weiß ich, dass er das Geheimnis des Lebens gelüftet hat. Alles ist eine Ein-Bildung, innere Bilder, die nach außen projiziert das ergeben, was wir als Welt erachten. Es ist wunderbar, darüber nachzudenken und die Seele mit reichhaltiger Nahrung zu füttern, anstatt sie aushungern zu lassen.

Denke also stets daran: Alles, was dir widerfährt, ist das Ergebnis deiner Seelenschmiede und bestimmt nie Zufall,

Schicksal oder Strafe. Das solltest du nie aus den Augen verlieren. Das, was wir Zufall nennen, ist nicht etwas, das einfach so rein zufällig geschieht, sondern die Wirkung einer Ursache. Etwas fällt uns zu. Beim Begriff »Schicksal« scheint es unterschiedliche Auffassungen zu geben. Die einen meinen, dass es gut oder schlecht ist und wir keinen Einfluss darauf nehmen können. Die anderen sagen, wir können es beeinflussen und gezielt steuern. Einige sagen, es sei eine Laune der Natur. Ein paar wenige sehen es als natürliche Folge unseres Soseins. Und wie siehst du es?

Wenn es so etwas wie einen roten Faden gäbe, der sich durch unser ganzes Leben zöge, so gäbe es gewisse Richtungen, zu denen wir durch unsere Prägungen und Verhaltensformen neigen. Doch es ist nichts unumstößlich. Je mehr wir uns den Ereignissen hingeben, das Leben bejahen, um mit ihm zu fließen, desto barrierefreier wird es. Wer nur seinen Willen durchsetzen will, muss mit Hindernissen rechnen, die man nicht dem Schicksal unterjubeln sollte. Tut man es, befindet man sich auf der falschen Fährte.

Folge immer deiner Herzensspur, dann wirst du auch für notwendige Entscheidungen einen guten Riecher haben. Du musst dir den Weg durch das Dickicht des Lebens nicht mit dem Buschmesser erkämpfen, es geht auch anders. Erkenne, was Dickicht ist und wie es entsteht, dann werden dir die vielen Stauden, Äste und Ranken ganz von selbst den Weg freigeben. Nutze diese Schlüssel des Lebens, die dir den Weg erleichtern. Halte Ausschau nach dem Schlüssel, auf dem »Ja zum Leben« geschrieben steht. Er kann dir eine besondere Hilfe sein.

Wenn wir aus einer Erfahrung gelernt haben und sie für uns auf allen Ebenen abgeschlossen ist, können wir frohen Mutes eine neue Aufgabe begrüßen und zur nächsten Etappe übergehen. Dass jede Erfahrung wichtig ist, kann oft erst der Rückblick zeigen.

Zwischen meiner Schreinerlehre und meiner Tätigkeit als Bewusstseinsforscher durfte ich unterschiedliche Eindrücke und Erkenntnisse sammeln. Erst wenn eine Situation gemeistert war, tat sich die nächste auf. Ich probierte wie gesagt vieles aus und trug schon in jungen Jahren einen großen Sack voller Eindrücke mit mir. Doch nur ohne Ballast können wir uns der Zielgeraden nähern. Ich war in der Modebranche tätig und hielt Vorträge, unternahm Reisen und war viel unterwegs. Unter anderem führte es mich nach Ägypten und Bali, wo ich meine Bildungsthemen ausbauen und auch etwas von der Welt sehen konnte. Bei vielem hatte ich ein glückliches Händchen. Wenn sich etwas als Glückstreffer oder Goldgrube entpuppte, intensivierte ich meinen Einsatz von Zeit oder Geld, je nachdem, wie ich es spürte. Schon früh ließ ich mich von meiner Intuition leiten, auch wenn mein Verstand mir ständig zu Gegenteiligem riet. Seien wir uns stets bewusst, dass es jedem Menschen so geht und die Gesetze des Lebens auf jeden und alles Einfluss nehmen.

Wenn wir etwas tun und das Ergebnis nicht zufriedenstellend ist, sagt der Verstand: Hättest du es lieber sein lassen! Das konnte ja nicht gut gehen. Wenn wir es nicht ausprobieren, reagiert der Verstand auf gegensätzliche Weise. Dann wettert er: Warum bist du so feige? Weshalb hast du es nicht wenigstens versucht? Ganz egal, was wir tun, im Kopf scheint eine dominante Stimme zu wohnen, die gegen alles wettert. Einfach dagegen zu sein, scheint eine ihrer Stärken zu sein. Und schon wieder sind wir bei den Gedanken angelangt, deren Beschaffenheit ergründet werden muss. In ihrer Entdeckung liegt der wichtigste Schlüssel verborgen. Deshalb sollten wir keine Zeit verlieren, es herauszufinden.

Wie bereits eindringlich geschildert, ist es ratsam, Gedanken zu untersuchen und zu erforschen. Aber du gingest fehl, wenn du nun glauben würdest, dass das Leben nur durch Gedankenstille zur Erfüllung führe. Es geht nicht darum, Gedanken zu verscheuchen oder loszuwerden, sondern darum, ihnen auf den Grund zu gehen. Das Problem liegt in der Identifikation mit den Gedanken, nicht in den Gedanken an sich. Man tut gut daran, sie als wichtige Begleiter anzuerkennen und sich nicht von ihnen hinunterziehen zu lassen. Die nötige Distanz kann dabei sehr hilfreich sein. Wer stört sich an Gedanken, wenn sie nicht mehr vordergründig sind? Wenn in einem

Film jemand bestohlen wird, empfinden wir es anders, als wenn uns das selbst geschieht. Somit erleichtert eine gewisse Distanz auch das Vorbeiziehenlassen von lärmenden Unruhestiftern. Wenn sie nirgendwo mehr andocken können, verlaufen sie im Sand. Ihnen die Aufmerksamkeit zu entziehen, ist die beste Strategie. Beobachte dein Leben und deine Gedanken, so wie du dir einen Film ansiehst. Auch wenn du diesen aufmerksam verfolgst, fühlst du dich in keiner Weise angesprochen. Lass es denken, was es will! Wen kümmert's?

Schlaflose Nächte und falsche Fährten müssen nicht sein. Lass dich vom Denken nicht aus dem Konzept bringen. Der Nährboden für falsche Annahmen und Wahrheitsverfälschung sollte nicht zusätzlich gefüttert werden. Lass das, was im Kopf herumschwirrt, ziehen. Könntest du diesen Schlüssel für dich in Erwägung ziehen und zum Einsatz bringen?

Viele Menschen sind davon überzeugt, wenig zu denken. Eine amüsante Überzeugung, die sicher auch eine positive Wirkung hat. Sie ändert aber nichts daran, dass es in jedem Kopf den ganzen Tag über rattert, auch wenn wir nur einen Bruchteil davon bewusst wahrnehmen. Aufgrund der Vielfalt wird ein Großteil unbewusst ausgeblendet. Außerdem wird uns das, was uns belastet, oft erst dann bewusst, wenn wir abschalten können. Die Zeit vor dem Schlafengehen ist ein Vorzeigebeispiel, sofern nicht der Fernseher den Gedanken die Show stiehlt.

Auch bei mir kommen reichlich Gedanken auf Besuch. Ab und zu bitte ich sie herein, meistens aber erlaube ich es mir, so unhöflich zu sein und sie draußen stehen zu lassen. Und ich werde mich davor hüten, nach einem Schlüssel zu suchen, der ihnen die Tür öffnet.

Früher habe ich mir oft gesagt: Ruhe jetzt! Erst wenn es in einem ruhig wird, merkt man, dass nichts vorhanden ist, was belastet oder stört. Schließe die Augen und denke einen Moment lang an nichts. Wenn du an das, was dich eben noch bekümmert hat, nicht mehr denkst, wo ist es dann? Wie wirklich kann es sein, wenn es kommt und geht und nicht von Dauer ist? Liegt die Lösung (oder Erlösung) eventuell darin, mit voller Präsenz den Augenblick auszufüllen? Sobald du denkst, belebst du das vermeintliche Problem. Tauche ab in deinen Seelengrund und entspanne.

Sorgen und Gedanken sind eng miteinander verknüpft und verursachen unnötigen Lärm. Nimm dir jeden Tag ein paar Minuten lang Zeit, um dorthin zu spüren, wo es still ist. Ein Schlüssel, den wir nicht nur an uns nehmen, sondern auch anwenden sollten.

Jeden Tag ein bisschen älter

Immer wieder hört man, dass älteren Menschen zu wenig Verständnis entgegengebracht wird. Heute bin ich selbst eines dieser Urgesteine, die auf die Jungen vielleicht etwas antiquarisch wirken. Auch wenn ich mich innerlich nicht älter als dreißig Jahre fühle, so sagt der Spiegel etwas anderes. Wenn ich meinen Körper so betrachte, stelle ich fest, dass er sich verändert hat, was natürlich in Ordnung ist. Ich gestatte dem Körper, der mir so viele Jahre lang treu gedient hat, sein natürliches Verwelken. Die Haut hat an Spannkraft verloren, die Knochen sind etwas abgenutzt, Muskeln bauen sich ab, die Zähne sind nicht mehr stabil und die Uhren ticken langsamer. Wenn man in jungen Jahren ältere Menschen beobachtet, nimmt man sie meist einfach nur visuell zur Kenntnis. Man zieht nicht in Erwägung, dass sich neben dem körperlichen Abbau nicht nur die Psyche, sondern auch viele andere Faktoren verändern. Von außen betrachtet bleiben diese unerkannt, und vielleicht ist das der Grund, warum es oft an Verständnis fehlt.

Ich erinnere mich an eine Frau, die stets über dasselbe klagte. Ihre Mutter würde sie so oft um Hilfe bitten, und wenn es wieder einmal an der Zeit war, die Betten neu zu beziehen, rief sie sie an. »Komm bitte vorbei und hilf mir«, lautete das Stoßgebet an die Tochter, das sich alle drei Wochen wiederholte. Diese konnte nicht verstehen, dass ihre 75-jährige Mutter das nicht allein bewerkstelligen konnte, und empfand das Ganze als lästige Schikane. Erst jetzt, wo die Frau selbst dieses Alter erreicht hat, kann sie es nachvollziehen, denn heute fällt ihr die Erledigung gewisser Hausarbeiten ebenfalls schwer. Ihre Mutter lebt inzwischen nicht mehr, und es macht sie traurig, dass sie ihr damals nicht mehr Verständnis entgegenbringen konnte.

Man sollte betagte Menschen respektieren, ihnen einen Platz im Bus anbieten und ihnen beim Tragen ihrer Taschen helfen, heißt es. Weil es sich so gehört, tut man es und übergeht seine Unlust und ein Gefühl, das nicht selten stark abgekühlt ist. Da man als junger Mensch das Alter nicht selbst erlebt hat, ist es auch nicht möglich nachzuempfinden, wie es einem später einmal gehen wird. Man kann also nicht sagen, dass die Jungen keinen Respekt haben oder es ihnen an Einfühlungsvermögen fehlt. Man kann sich so vieles vorstellen, aber nicht, wie es ist, in einem älteren Körper zu wohnen und mit ihm den Alltag zu bewältigen. Alles wird anstrengender, und obwohl man stets gleich empfindet, bleibt doch nichts gleich.

Auch wenn der Körper welkt, etwas in einem verwelkt nicht und scheint vom körperlichen Alterungsprozess unangetastet zu bleiben. Wenn man selbst schon ein paar Jährchen auf dem Buckel hat, blickt man zurück und bedauert es vielleicht, dass man früher ältere Menschen oder die Eltern nicht verstehen konnte. Ein schlechtes Gewissen ist hier jedoch absolut fehl am Platz, wenn wir die Einsicht einfach nicht auf unserem Bildschirm haben. Wir haben es ja nicht erfahren und keine Vorstellung kann eine Erfahrung ersetzen. Der Mensch schöpft aus Wissen und Erlebtem und kann nicht wissen, was er noch nicht erlebt hat. Vielleicht glaubt er das, weil er es sich vorstellen kann, aber eine Vorstellung ist nichts weiter als ein Hirngespinst. Wer früh damit beginnt, Sensibilität zu entwickeln und Verständnis zu zeigen, öffnet sich für eine Wahrnehmung jenseits der Sinne, die Einfühlungsvermögen zum Vorschein bringt.

Wenn Menschen unterschiedlichen Alters zusammenkommen, nehmen wir einfach nur Menschen wahr. Wir unterscheiden zwischen Babys, Kindern, Jugendlichen, jungen und älteren Erwachsenen. Jeder fühlt anders. Alle tragen ihre eigene Problemsammlung mit sich herum, da alle ihre eigene Welt, ihr eigenes Weltbild haben. Wenngleich das Innenleben unserer Mitmenschen für immer ein Geheimnis bleiben wird, mit ein wenig Feingefühl und Offenheit können wir sie umfassender wahrnehmen.

Hat man das 50. Lebensjahr erreicht, bemerkt man Veränderungen, was natürlich auch mit dem Hormonabbau zu tun hat. Themen wie Schlaf, Ernährung, Nahrungsergänzungsmittel oder Verdauung nehmen plötzlich mehr Zeit in Anspruch, als man sich wünschen würde, und der Körper zeigt einem immer wieder, dass er bewegt werden will. Ein Wandel ist im Gange, die Unbeschwertheit schwindet. Man fühlt sich zwar noch jung, aber das Aktivsein gestaltet sich nach und nach schwieriger. Eine bisher unbekannte Anstrengung schleicht sich ein. Was man einst gerne getan hat, wird unwichtig, und was man einst abgelehnt hat, wird zur Priorität. Das Leben fordert uns auf, noch besser auf unseren Körper aufzupassen und Ruhepausen einzulegen. Mit zunehmendem Alter gewinnen Erholungsphasen an Bedeutung. Man wird mit der eigenen Vergänglichkeit konfrontiert, was wohl daran liegt, dass die unbekümmerte jugendliche Frische schwindet. Die vier Jahreszeiten können hier als Parallele dienen: Der Mensch tritt in den Herbst ein, um sich auf den Winter vorzubereiten.

Ab einem Alter von 60 Jahren tragen sich Dinge zu, von denen man nie geglaubt hätte, dass sie einem jemals widerfahren würden. Es beginnt eine ruhigere Zeit, man schaltet einen Gang zurück, ob man will oder nicht. Die Arbeitswelt wird als mühsam empfunden, man wird langsamer und vergesslicher, vieles geht nicht mehr so leicht von der Hand. Was man früher bei anderen jenen Alters belächelt hat, passiert einem plötzlich selbst. Man beißt sich bei Mahlzeiten auf die Zunge, Essen fällt einem aus dem Mund oder man bekleckert sich. Und wenn nicht immer alles runterfallen würde! Das hat aber auch sein Gutes. Würde es hinauffallen, müsste man jedes Mal eine Leiter holen. Wie kann es sein, dass einem beim Bücken Geräusche entschlüpfen? Man ist doch noch nicht alt!

Mit einem Bein steht man schon in der Pension und ist für den Arbeitsmarkt unattraktiv geworden, wobei man ja schon zehn Jahre zuvor so gut wie unten durch war. Okay, Fünfzigjährige haben viel Erfahrung, aber sind sie den Anforderungen und dem heutigen Leistungsdruck noch gewachsen? Traurig genug, dass man sich solche Fragen stellen muss. Das Problem liegt gewiss nicht am Alter, sondern an den Erwartungen, die die Arbeitswelt hegt. Schneller, höher, weiter, mehr ... kann das Leben sein? Gott sei Dank gibt es Firmen, die nicht so leistungsorientiert denken und bei denen der Mensch mehr als eine Nummer ist. Man sollte sich wirklich nach Arbeitgebern mit humanen Ansichten und Werten umsehen und sich gut überlegen, ob man sich einem rein wachstumsorientierten Unternehmen, bei dem Druck und Drill im Vordergrund stehen, unterwerfen will. Aber kann man im Alter noch wählerisch sein? Ein klares Nein wird einem suggeriert. Nun liegt es an uns, wie wir das sehen.

Es gibt so viele Möglichkeiten, seinen Lebensunterhalt zu verdienen, hier muss man erfinderisch sein und auch mal was wagen. Wo führt das hin, wenn man sich mit einem Mindestlohn begnügen und sich mithilfe mehrerer Jobs über Wasser halten muss? Auch im Alter kann man sich ausprobieren und einfach etwas Neues wagen. Auch wenn andere es einem ausreden wollen, geh deinen Weg und trau dich. Es ist nie zu spät, Visionen zu leben.

Im Alter zwischen 70 und 80 Jahren ist es dann noch einmal anders und manche Wehwehchen werden chronisch, das Thema Gesundheit hält einen auf Trab. Mit 90 Jahren bleibt jeder Tag spannend. Man sieht das Ganze jedoch zugleich etwas gelassener und arrangiert sich mit den Gegebenheiten. Aufmüpfigkeit wäre kontraproduktiv und Jammern bringt ebenfalls nichts. Dass *es ist, wie es ist,* diese Weisheit trägt der Winter in sich. Obwohl einen körperliche Beschwerden begleiten, erfreut man sich einfach daran, am Leben zu sein.

Deine geistige Ausrichtung und Bewusstseinshaltung werden jetzt sowie im Alter über Zufriedenheit und Unzufriedenheit entscheiden. Wandle und festige dich jetzt. Ich wüsste keinen Zeitpunkt, der dafür besser geeignet wäre. Mit einem bewusst ausgerichteten Dasein erfüllst du nicht nur deine Lebensaufgabe, es ist sozusagen deine Altersvorsorge. Weltweit leiden etwa 350 Millionen Menschen unter Depressionen. Das ist keine herkömmliche Krankheit, sondern ein Hilfeschrei der Seele, die von Dunkelheit umgeben ist, nach Licht. Wer dem Lichtstrahl folgt und ihn nicht aus den Augen verliert, wird unter allen Umständen und in allen Lebenslagen den Mut nicht verlieren und in sich ruhend ausgeglichen, gefasst und zufrieden sein. Was auch immer dir widerfährt, es hat mir dir zu tun. Nimm dein Leben in die Hand, und vergiss nicht, dass es nur seiner Entsprechung folgen kann. Setze Ursachen für ein freudvolles Leben! Gib dem Leben gleich mehrere Gründe, dich reich zu beschenken. Du bist Grund genug, um reichlich zu empfangen. So viele Schlüssel auf einmal!

Geist ist das, was immer vorhanden, unvergänglich und vom Zyklus der Zeit nicht betroffen ist. Er ist die Tankstelle, wo man auftanken und sich wieder aufrichten kann. Durch ihn leben wir. Aus diesem inneren Jungbrunnen können wir jederzeit schöpfen. Der Schöpfer bist du. Das ganze Leben wäre doch ziemlich eintönig und deprimierend, wenn es da nicht etwas gäbe, was uns auffängt, Mut macht und Trost spenden würde. Es ist in jedem Alter vorhanden. Nicht irgendwo, sondern in uns selbst.

Beginnen wir also besser heute als morgen, nach diesem Jungbrunnen Ausschau zu halten, damit wir gestärkt auf allen Ebenen Widerstandsfähigkeit erlangen. Unabhängig von dem, was geschieht oder nicht, kann man in jeder Situation gelassen sein und glücklich bleiben. Es ist alles eine Frage der Perspektive und der daraus resultierenden Haltung. Versäume es nicht, dich vermehrt nach deinem höchsten Selbst umzusehen, um dich zu erneuern. Das persönliche Ich hast du jahrelang hochgehalten, es gehätschelt und getätschelt und dich von ihm erfolgreich an der Nase herumführen lassen. Du hattest also Erfolg. Hattest du ihn dir so vorgestellt? Wenn nicht, dann lass dich nicht weiter zum Narren halten und überschreite die Grenzen, die du dir als dieses Ich auferlegt hast. Du bist grenzenlos! Dies gilt es nicht nur in Erwägung zu ziehen, sondern von ganzem Herzen zu erfassen.

Es gibt unterschiedliche Auffassungen, was nach dem Winter passiert. Naheliegend ist, dass man von einem »Ende« nur bei der Wurst, in einer Beziehung oder bei einer Theateraufführung sprechen kann, also bei all den Dingen, die mit dir im Lebensraum erscheinen. Erscheinungen vergehen; was bleibt, ist deine unerkannte Identität. Geist will realisiert werden, worauf also warten?

Loslassen oder sein lassen?

Dinge zu beenden und aus seinem Leben zu entlassen, nennt man »loslassen«. Wenn man sich bemüht loszulassen, ist die persönliche Beteiligung sehr groß. Aber man könnte die Dinge auch sein lassen, die Königsdisziplin der Bewusstwerdung. Jeder Mensch hat andere Stärken. Gott sei Dank sind wir so verschieden. Das Loslassen fiel mir nie schwer, weder im privaten noch im beruflichen Bereich. Was mir nichts brachte und mich nicht befriedigte, verabschiedete ich aus meinem Leben. Selten hielt ich mich länger als notwendig in solchen Situationen oder mit solchen Dingen auf, was viele Menschen durchaus als negativ bewerten. Man strebt nach Stabilität. Das ist auch gut. Es bedeutet aber nicht, dass man in der Firma, in der man die Lehre macht, auch in Rente gehen muss. Früher war das so. Nach den Lehrjahren ging man in ein Angestelltenverhältnis über, um irgendwann eine Abfindung zu bekommen, bevor man pensioniert wurde. Ein Leben lang einer Firma die Treue zu halten, ist ein schöner Gedanke. In der heutigen Zeit ist dieser allerdings etwas aus der Mode gekommen. Abgesehen davon, dass viele Firmen gar nicht mehr so viele Jahre am Markt überleben, haben sich die Berufsfelder sehr verändert und auch die Arbeitsweise ist anders geworden. Vieles wurde digitalisiert. Es sind völlig neue Berufe entstanden, die zu meiner Zeit unvorstellbar waren. Wer hätte damals daran gedacht, dass sich 40 Jahre später so viele Menschen online an meinen Videos erfreuen? Dieses Interesse verleiht ein gutes Gefühl, weil man sieht, dass man etwas richtig gemacht hat. Unabhängig von meinem Alter wächst die Fangemeinde täglich und auch viele junge Interessierte finden den Weg zu meinen Veröffentlichungen im YouTube-Kanal. Dass Menschen damit sogar ihren Lebensunterhalt verdienen können, wäre früher unfassbar gewesen. Niemand hätte in Zeiten ohne Internet an so etwas gedacht. Heute scheint das normal zu sein. Wenn ich zurückdenke, muss ich schmunzeln. Begonnen hatte ich mit Video- und Musikkassetten, die Mitschnitte meiner Seminare standen hoch im Kurs. Damals begann meine Arbeit, nicht mehr so streng getaktet zu sein. Ich hatte viel zu tun, konnte mich aber von den üblichen Von-bis-Arbeitszeiten verabschieden. Diese prägen großteils heute noch unsere Berufswelt. Auch scheint es ein gutes Bild abzugeben, wenn man in seinem Lebenslauf nicht alle paar Jahre eine neue Anstellung aufgeführt hat. Für mich ist das nicht von Bedeutung. Man könnte es zwar als Sprunghaftigkeit oder mangelnde Anpassungsunfähigkeit bezeichnen, aber auch als einen Reichtum an Erfahrung und Flexibilität. Auch hier wiederum gilt: Alles nur eine Frage der Perspektive! Meiner Meinung nach sind auch im Arbeitsleben viele unterschiedliche Prozesse wichtig, da alle Schritte lehrreich sind. Wie lange man an einer Stelle verweilt, ist auch irgendwie bestimmt. Es ist, wie bereits angedeutet, alles gewissermaßen gegeben, auch wenn man daran feilen kann. Es gibt Tendenzen, denen wir folgen, das geschieht aber meist unbewusst. Und dann entscheiden wir uns unerklärlicherweise oft gegen das Gefühl und folgen dem Verstand. Ein Verhaltensmuster, das sich immer wieder durchzusetzen vermag.

Wenn bei unserer Geburt alle Erlebnisse feststehen würden, sodass unsere Stationen unumstößlich wären und wir unserem Leben ausgeliefert, wozu das Ganze? Wozu wären wir hier? Um etwas abzusitzen? Um dem Film mit dem Titel *Mein Leben* beizuwohnen, der einfach nur bis zum Ende abgespult wird? So ist es bestimmt nicht.

Das Leben ist kein Drama. Es ist ein Geschenk, das man lieben und wertschätzen soll. Richte es dir so ein, dass du damit glücklich bist. Jetzt aber kommt die Frage auf, was wir im Falle von Schwierigkeiten tun können. Wenn jemand stirbt, können wir nur zusehen. Wenn wir krank werden, müssen wir es aushalten, und wenn uns der geliebte Lebenspartner verlässt, können wir ihn auch nicht zurückzaubern. Die Wogen des Auf und Abs gehören zum Leben. Was nicht zu uns gehört, wird nicht bleiben, es wandelt sich. Der Wandel des Lebens kann dann harmonisch vonstattengehen, wenn wir uns nicht gegen ihn sträuben. Die scheinbare Kompromisslosigkeit des Lebens empfinde ich keineswegs als bedrückend oder schlecht. Ganz im Gegenteil, ich finde diesen Aspekt befreiend, weil ich dem Leben dadurch mein ganzes Vertrauen entgegengebracht habe! Und wenn du das auch tust, was soll dir passieren? Du könntest höchstens deinen Körper abgeben, der Geist allerdings würde immer noch erstrahlen.

»Du kannst nicht tiefer fallen als in Gottes Hand«, schrieb der Kirchenlieddichter Arno Pötzsch, dem ich hier vollkommen zustimme. Dem stimme ich vollkommen zu. Vertrauen ist ein weiterer Schlüssel zum Glück, den ich erst jetzt an dieser Stelle als solchen bezeichne. Wer bereits Bücher von mir gelesen hat, weiß um die Macht der Wiederholung. Wenn wir etwas öfter hören, laufen wir nicht Gefahr, es zu vergessen. Auch bekommen wir dadurch die Chance, das gelesene oder gehörte Wissen zu vertiefen, um es in Erfahrungen einfließen zu lassen. Man hört so vieles, einiges mehrmals, auch das will uns etwas sagen. Sagen wir nicht so abschätzig und nebenbei, dass wir das schon alles wüssten. Wie du bereits weißt, nützt dir Wissen allein nichts. Solange du es nicht als erlösendes Werkzeug bei Tiefpunkten einzusetzen und anzuwenden vermagst, wird es nutzlos bleiben.

Wenn du das Leben als Aufgabe und nicht als Schicksal betrachtest, entwickelst du automatisch die Fähigkeit, dich auf deine Herausforderungen einzulassen und sie auf allen Ebenen zu lösen. Du hast genügend Schlüssel dafür. Und es gibt unzählige, die du selbst ausfindig machen wirst, und zwar in den unergründlichen Weiten deines Herzens.

Mit den Umständen einverstanden zu sein, ist eine Kunst. Beherrschen wir diese, gibt es keinen Grund, zu zweifeln oder zu jammern. Dann können die Dinge so angenommen werden, wie sie sind, und zwar frei von Ablehnung und Gegenwehr. Das Leben ist dein Freund und nicht dein Feind, auch wenn das vielleicht nicht jeder so sehen kann. Empfindest du das Leben als deinen Freund, wird es dein Freund sein. Empfindest du es als einen Feind, wirst du es als solchen erleben. Eine engstirnige und negative Perspektive, Pessimismus und eine verdrehte Wahrnehmung sind das, was uns das Leben erschweren. Wir haben jederzeit die Möglichkeit, unseren Standpunkt zu wechseln, Meinungen und Sichtweisen zu überdenken und zu korrigieren. Jetzt wäre ein guter Zeitpunkt dafür.

Jeder Schritt unabdingbar

Als sich die Türen meiner Heilpraktikerpraxis für immer schlossen, tat sich ein völlig neuer Lebensabschnitt auf. Auf der einen Seite arbeitete ich weiterhin mit Menschen, bot regelmäßig Seminare und Ausbildungsblocks an, und auf der anderen Seite widmete ich mich, wann immer es die Zeit zuließ, dem Schreiben.

Ich erinnere mich noch sehr gut an mein erstes Buch: *Die hohe Schule der Hypnose*. Es hat Wellen geschlagen und ist als Longseller bis zum heutigen Tag erhältlich. Das Folgewerk hieß *Das Praxisbuch der Selbsthypnose*. Schon damals war mir bewusst, dass wir auf unser Innenleben Einfluss nehmen können und sich dies auf die Außenwelt auswirken würde. Ich erforschte das Bewusstsein, und nach und nach zeigten sich mir vermehrt Erkenntnisse, an denen ich mein Umfeld, Seminarteilnehmer und natürlich meine Leser freudvoll teilhaben ließ. Die zahlreichen Hörspiele und Vorträge, die in den darauffolgenden Jahren entstanden sind, kann man heute auf verschiedenen Musik-Portalen weltweit downloaden, das Repertoire ist enorm. Über 800 CDs mit Affirmationen, Imaginationen, Autosuggestionen, autogenem Training, Selbsthypnose, Mentaltraining, Meditationen, Vorträgen, Live-Mitschnitten aus Seminaren und vielem mehr sind es geworden. Aber auch zahlreiche Musikproduktionen mit Klängen aus der Natur, Klangschalen, Mantras und speziellen tiefen Frequenzen sind darunter zu finden.

Mein Lebenswerk gründet auf der Bewusstseinsforschung, und die daraus resultierenden Einsichten animierten mich dazu weiterzuschreiben. Das Mental- und Bewusstseinstraining war und ist eines der grundlegenden Themen, denen ich mich verschrieben habe. Darüber hinaus verfasste ich auch Bücher, die sich mit Themen wie Gesundheit, Vitalität und Entsäuerung beschäftigen. Ich begann, alte Wissensschätze zu vertiefen und weiter zu forschen. So fanden Inhalte für Praxisbücher zur Intuition zu mir. Ausbildungen zum Lebensberater, Bewusstseinstrainer, Intuitionstrainer et cetera waren sehr gefragt. Und weil die Inhalte zeitlos sind und nicht altern, erfreuen sie sich bis dato großer Beliebtheit. Die Essenz des Seins ist immer aktuell, weil sie außerhalb der Zeit angesiedelt ist. Sie ist es, die der Zeit einen Raum namens Bewusstsein ermöglicht, wo dem Menschen alle Türen offenstehen.

Als wir damit begannen, die bisherigen Tonträger zu digitalisieren und sogar unser Audio-Ausbildungsmaterial ins Netz zu stellen, hatte keiner über Erfolg nachgedacht. Doch wurde mir im Zuge dessen erst so richtig bewusst, welch umfangreiche Werke ich neben meinen Büchern über die Jahre hinweg aufgenommen und produziert hatte. Aufgrund dieser großen Auswahl wuchs auch das Interesse an neuen Büchern. Ich kam also nicht dazu, die Füße hochlegen, ich schrieb weiter und habe immer noch große Freude daran. Am Ball zu bleiben, ist eine Lebensform, die in die Richtung eines Schlüssels führen könnte.

Der Mensch und das Bewusstsein mögen sich gewandelt haben, aber was sich nie verändert, ist die Zeitlosigkeit unserer Heimat, der spirituelle Geist. Ich bin meinen Weg gegangen, der zeitlos ist. Wir sollten uns nie von anderen Meinungen beeinflussen lassen und unseren Weg mit Zuversicht und einer gesunden Selbsteinschätzung beschreiten. Wir können es nicht allen recht machen und das müssen wir auch nicht. Wichtig ist, dass wir uns in unserer Haut wohlfühlen und uns treu bleiben.

Mich hat einmal jemand gefragt, wie ich mir diesen Erfolg erkläre. Ich habe ihm geantwortet, dass man das meine Leser, Hörer oder Seminarteilnehmer fragen müsste und ich mir diese Fragen noch nie gestellt hätte. Wenn ich jetzt bewusst darüber nachdenke, würde ich es wie folgt erklären: Immer mehr Menschen haben ein oberflächliches Leben satt und beginnen deshalb, ihr Dasein zu ergründen. Sie merken, dass sie sich im Kreis drehen und das Leben nicht befriedigend ist. Sie fühlen sich gefangen und spüren, dass es mehr zwischen Himmel und Erde geben muss als das, was sie sehen können. Die jüngere Generation hat ein weiteres Bewusstsein mit ins Leben gebracht. Unter ihnen gibt es viele Umweltschützer, Vegetarier und Tierfreunde, die die Erde und ihre Bewohner schützen wollen. Sie fühlen sich inspiriert und dazu aufgerufen, für ihren Lebensraum Sorge zu tragen. Natürlich denkt auch ein Teil der älteren Generation so, aber diese Menschen sind in anderer Art und Weise aufgewachsen. So lassen uns unzählige Prägungen nur allzu leicht in alte Gewohnheiten und Glaubenssätze zurückfallen. Junge Menschen neigen dazu, Lösungsansätze zu sehen. Die Älteren wachsen mit ihnen, entwickeln ihr Bewusstsein und folgen ihren Nachkömmlingen, die es ihnen sozusagen vormachen.

Sind die Kinder von heute anders? Ich sage nicht, dass sie besser sind, aber dass mir ihre Feinfühligkeit besonders auffällt. Ihre Instinkte scheinen ausgereifter zu sein. Uns hat früher vorwiegend das Spielen, besonders im Freien, interessiert. Wir waren viel und oft draußen und um die Welt haben wir uns nicht groß gekümmert. Dazu muss man sagen, dass die Zeit ohne Internet und Handy, als auch die Erde noch gesünder und die Welt unbeschwerter war, nicht mit heute verglichen werden kann. Was mir auffällt, ist, dass Menschlichkeit früher einen anderen Stellenwert hatte. Vieles wie Technik, Medizin und Architektur haben sich weiterentwickelt, was man von der Menschheit nicht unbedingt sagen kann. Die Gewaltbereitschaft steigt weiterhin an und Liebe herrscht, wenn überhaupt, oft nur in den eigenen vier Wänden. Liebe aber ist weltumspannend, grenzt nicht aus, unterscheidet nicht, verurteilt nicht und beinhaltet alle und alles, nicht nur unsere Liebsten oder das, was uns in unserem engsten Umfeld wichtig ist. Darüber sollten und dürfen wir nachdenken. Das müssen wir sogar, denn solange wir nicht für alles Liebe empfinden, wird die Erde nicht gesunden. Sie ist krank. Und das Allheilmittel? Es hat fünf Buchstaben und wartet darauf, von dir entdeckt zu werden.

Es ist nie zu spät, sich der Liebe zu öffnen, aber besser gestern als heute. Und weil ich das Gestern so schön und idyllisch in Erinnerung habe, muss ich hier den Charme der Telefonkabinen, Audiokassetten und Fotoapparaten mit Filmspulen ansprechen, denen, wie ich finde, eine Würdigung zusteht. Die Schultüte, den Kakao in der Schule, das Beisammenstehen der Clique am Dorfplatz, die Mittagspause in den großen Kaufhäusern, den Fünf-Uhr-Tee in der Disco am Samstagabend, gibt's das heute noch irgendwo? Ich mag Nostalgie jedem gönnen, solange sie nicht in Melancholie umschwenkt. Früher war es nicht besser, es war anders. In unserer Erinnerung können wir das Vergangene jederzeit wiederbeleben, doch vergessen wir nicht, dass sich wahres Leben im Jetzt abspielt.

Die junge Generation schätzt wieder vermehrt das einfache, ernährungsbewusste und gesunde Leben. Wir können viel von ihr lernen, und die Jugend ist nicht so schlimm, wie man immer wieder sagt. Es gibt überall solche und solche; Fakt ist, dass sich das Bewusstsein weiterentwickelt hat. Und schlussendlich hat es immer mit einem selbst zu tun. Demjenigen, der freundlich in die Welt blickt, wird man auch freundlich begegnen.

Wenn ich Geschichten von rücksichtslosen Jugendlichen höre, kann ich dem nicht zustimmen. Mir gegenüber sind sie stets zuvorkommend, und es freut mich, dass sie Interesse an meinem Lebenswerk zeigen und meine Bücher und E-Books lesen. Meine Hörprogramme und musikalischen Angebote scheinen den Zeitgeist zu treffen und auch in ihnen anzuklingen. Mit den kleinen Einblicken in mein Leben, mein Wirken und meine Erfahrungen möchte ich aufzeigen, dass alles möglich ist. Es soll dich darin bestärken, niemals aufzugeben und den Mut zu haben, dranzubleiben, durchzuhalten und eventuell deinen Traum zu verwirklichen.

Auch wenn etwas unerfüllt bleibt, ist das kein Grund, den Kopf in den Sand zu stecken. Wichtig ist, dass wir Impulse setzen. Es geht nicht darum, etwas zu erzwingen, sondern beharrlich und standhaft zu bleiben und mit vollem Einsatz überall anzuklopfen. Warum nicht? Und wenn dir fünfzigmal niemand die Tür öffnet, vergiss nicht, erneut anzuklopfen. Wenn du die geistigen Schlüssel nutzt, die ich dir an die Hand gebe, werden Türen ganz von selbst aufgehen. Manche aber werden sich in Luft auflösen, und du wirst niemals erfahren, dass es dahinter ohnehin nichts Interessantes zu entdecken gegeben hätte.

Sein Verhalten beobachten

Du kennst das Märchen von *Frau Holle*? Wenn du dich wie Goldmarie verhältst, wird sich dein Leben auf wundersame Art und Weise erfüllen. Erwarte nichts und sei dir gewiss, dass keine Mühe umsonst ist. Scheue keine Arbeit. Es gibt keine sinnlose oder unnütze Tätigkeit. Alles ist für etwas gut, und eigentlich ist es ganz gleich, was du machst. Vielmehr geht es darum, wie du dich dabei fühlst. Sich in dem, was man tut, wohlzufühlen, ist der Schlüssel zu Zufriedenheit. Ist das nicht der Fall, dann entwickle diese Tugend. Dein Einsatz ist gefragt.

Wer nicht mit dem Herzen bei der Sache ist, wird über kurz oder lang unzufrieden werden. Deshalb empfiehlt es sich, stets einsatzfreudig und begeistert zu sein. Da es keine Aufgabe gibt, bei der das nicht möglich wäre, kann absolut jede Tätigkeit Freude bereiten. Sich einer Arbeit zu widmen, die man ohnehin gerne tut oder für die man eine Vorliebe hat, ist keine Kunst. Trotzdem streben wir danach. Entwickle Gefallen an den Aufgaben, die jetzt zu tun sind und die dir das Leben bereitgestellt hat. Sie wären nicht da, wenn sie nicht für dich bestimmt wären.

Wartest du auf eine Aufgabe, die dir Erfüllung schenkt? In der Zwischenzeit kannst du der jetzigen Erfüllung verleihen, und zwar durch vollen Einsatz und Zuwendung. Wer dem Leben ohne Erwartungen dient, wird Freude ernten. Vordergründig geht es darum, bei jeder Arbeit im Augenblick zu sein. Dies bedeutet, dass du alles gibst und die Aufgabe nicht beendest, bevor sie beendet ist. Fertig ist sie, wenn sich ein zufriedenstellendes Ergebnis zeigt, also alle Beteiligten und du selbst zufriedengestellt sind. Wie du siehst, geht es nicht darum, etwas anzustreben, was man unbedingt erreichen will, sondern sich mit Freude und Sorgfalt den momentanen Umständen zu widmen. Und wenn das mit Herzblut geschieht, musst du dich weder um den Inhalt noch um ein Ergebnis kümmern. Sorge dafür, dass Einstellung und Haltung stimmen. Alles andere findet seinen Weg. Authentizität hat Kraft, und jeder, der wahrhaftig ist, wird Erfüllung finden. Der Weg kann ab und zu verschlungen oder auch steinig sein. Spielt das eine Rolle?

Nutze die Steine als Treppe und bewege dich über die Hindernisse hinweg. Wenn du hinfällst, steh einfach wieder auf. Das ist eigentlich nicht schwer, wenn man seine eigene Schwere überwindet. Denkschwere, Gefühlsschwere, Körperschwere und Schwerfälligkeit im Tun besiegt man, wenn man sie nicht bekämpft und über sich hinausgeht. Wenn du das Hinfallen nicht ablehnst, was sollte schlimm daran sein? Scheitern bedeutet, dass das, was ich gewollt habe, nicht funktioniert hat. Wer nichts mehr will, kann auch nicht scheitern.

Sieh das Scheitern als Erfahrung an, die dir etwas sagen will, und versuche, die Botschaft zu verstehen. Wenn zehn Dinge nicht funktionieren, bist du nicht gescheitert. Das Leben hat dir dann vielmehr gezeigt, dass du dich anders orientieren sollst. Jetzt weißt du, dass das nicht das Richtige für dich war und du etwas anderes tun kannst. Eine tolle Einsicht. Bedanke dich beim Leben, dass es dich auf eine Neuorientierung hingewiesen hat. Spätestens nach dem zehnten vergeblichen Versuch solltest du einen elften meiden, damit du nicht noch mehr Zeit vergeudest. Etwas, das nicht klappt, ist demnach kein Scheitern, es ist ein Zeichen, dass du eine andere Richtung einschlagen sollst.

Wenn du enttäuscht bist, hat dich das Leben aus einer Täuschung geholt, in die du dich verrannt hattest. Kannst du das erkennen? Wenn du es nicht einsehen willst, reagierst du zornig oder aggressiv, ärgerst dich oder lehnst dich dagegen auf. Das wird dir nur Kummer einbringen und dich schwächen. Daran ist aber nicht die Situation schuld, sondern dein Verhalten. Nimm das Leben, wie es ist. Es gibt kein anderes. Diese wunderbare Aussage hat irgendwann jemand niedergeschrieben, der offenbar sehr weise war. Wenn du dem Leben zugestehst, so zu sein, wie es ist, und mit all seinen möglichen Hindernissen konform gehst, wirst du erkennen, dass das Ziel mit dir geht und du niemals darauf zugelaufen bist. Das Ziel ist jetzt, warum also solltest du dich sorgen?

Überprüfe an dieser Stelle deine Einstellung. Wo leistest du noch Widerstand? Bist du bereit, dich in den Strom des Lebens hineinzubegeben und ihm zu folgen? Muss es immer nach deinem Kopf gehen oder darf es auch mal anders sein? Vielleicht ist das andere gar nicht so schlecht? Ich wage kaum niederzuschreiben, dass es sogar besser sein könnte. Du musst einen vermeintlichen Misserfolg nicht als richtig oder falsch bezeichnen. Es reicht aus, wenn du ja dazu sagst und ihn sein lässt. Wir erinnern uns an die Entsprechung. Wenn du das nicht so sehen kannst, ändere deine Sichtweise, denn in der Sache selbst liegt das Problem bestimmt nicht. Nimm dir vor, es ab sofort anders zu machen, und blick nicht zurück. Wer bereits einige meiner Bücher gelesen hat, wird folgenden Schlüsselsatz vielleicht schon kennen: Die Vergangenheit ist so etwas von vergangen. Lass sie los, sie kommt nicht mehr zurück.

Ist dein Bedürfnis nach einer inneren Veränderung so stark, dass du dich selbst erforschen willst? Dann mach Nägel mit Köpfen. Und zwar jetzt! Frage dich im Stillen: Was »möchte« ich ab jetzt ändern beziehungsweise woran »möchte« ich arbeiten, welche Schlüssel »möchte« ich einsetzen? Wenn du das Wort »möchte« durch »werde« ersetzt, ist der Startschuss gefallen. Das Ziel klar vor Augen, kannst du deine Reise in ein neues Bewusstsein beginnen.

Ich habe beobachtet, dass wir insgeheim etwas unflexibel sind. Letzthin traf ich eine Bekannte und wir kamen ins Gespräch. Sie erzählte mir von ihrem Job und von Missständen, die in dem Unternehmen herrschen. Unter anderem erwähnte sie, dass ein sogenannter Störenfried die Firma, in der sie arbeitet, endlich verlassen habe. Sie sagte: »Trotz der vielen Eigenheiten sehe ich gerne auf unsere Zusammenarbeit zurück.« Auf den ersten Anschein klingt diese Aussage völlig normal und man denkt sich gar nichts dabei. Doch eigentlich ist sie überheblich. Was gibt uns das Recht, andere Menschen zu kritisieren und zu verurteilen? Jeder Mensch hat sein Päckchen zu tragen und hat seine Eigenheiten. Muss man die erwähnen? Haben wir nicht selbst zur Genüge davon und warum muss man das Anderssein der Mitmenschen überhaupt in den Vordergrund rücken? Um sich selbst hervorzuheben?

Unsere schlechten Eigenheiten stellen wir nicht in den Vordergrund. Diese kehren wir gerne unter den Teppich, wenn sie denn erkannt werden. Wir sehen vorwiegend das, was wir sehen wollen, und bei negativen Vorzeichen betrifft das meist die anderen. Wie oft weisen wir sie zurecht oder auf Eigenheiten hin, die wir als Schwachstellen erachten? Wer bei einem anderen eine solche entdeckt, legt eine eigene offen, nämlich den anderen in seinem Sosein nicht zu akzeptieren und ihn korrigieren zu wollen. Auch das hatten wir schon.

Hier geht es nicht um Toleranz, denn etwas zu tolerieren, bedeutet, es hinzunehmen, was nicht dasselbe wie annehmen ist. Im Hinnehmen schwingt immer noch die Überzeugung mit, eine andere Art, ein anderes Verhalten, Aussehen et cetera wäre besser. Fast jeder Mensch ist ein wenig selbstverliebt, und das ist gut so, solange es anderen Menschen nicht schadet. Bewusstwerdung unseres Verhaltens ist auf dem Weg der Bewusstseinsentwicklung das A und O. Man kann nicht sagen, dass die Eigenschaften des Egos schlecht sind. Dass das Ego auf sich bezogen ist und sich selbst an die erste Stelle setzt, liegt in seiner Natur. Da jedes Ego so ist, ist niemand davon ausgenommen, in die Egofallen zu tappen. Der Mensch definiert sich irrtümlich ja voll und ganz darüber. Ist man aufmerksam, bemerkt man die eigenwilligen Reaktionen und Verhaltensweisen aber ziemlich rasch und kann gezielt Abstand nehmen. Beobachte dich.

Dass keiner arrogant und hochmütig sein will, versteht sich von selbst, und deswegen sollten wir alles daransetzen, an uns zu feilen, und keinen Moment damit aufhören, bis das Selbst mehr Raum einnimmt, als es das Ego tut. Durch die Bewusstwerdung können sich unsere Schatten auflösen und abgebaut werden. Es geht nicht darum, besser oder frei von Fehlern zu sein, sondern sein Ego mit seinen Ausschweifungen zu analysieren, zu erkennen und es besser verstehen zu lernen. Wenn ich sage, dass *du dich* selbst kennenlernen sollst, ist das zweideutig, denn wer ist damit gemeint? Du selbst? Dein Selbst, dein wahres, unpersönliches Dasein? Das Ego, das vorübergehende persönliche Ich?

Ego und Akzeptanz

Als wir auf die Welt kamen, hatten wir keine Ahnung von einem Ego. Erziehung, Gegebenheiten, Umstände und das Umfeld haben uns geprägt. Als kleines Kind waren wir natürlich und vollkommen unvoreingenommen. Da sagten wir nicht: Von diesem Mann nehme ich kein Spielzeug, weil er lange Haare hat und arbeitslos ist. Vorbehalte entwickelten sich erst später. Mit den Jahren haben sich die Fronten unseres Gefühlslebens verhärtet, unendlich viele Erfahrungen und Verletzungen haben dazu beigetragen.

Wir sind dazu aufgerufen, uns vom Ballast zu befreien. Dies kann allein durch geistige Erkenntnis gelingen. Das innere Wachstum heilt das, was uns belastet und bedrückt. Du verfügst über die einzigartige Möglichkeit, dein falsches Ich zu entlarven und seine Tarnung aufzudecken. Bist du dabei?

Sich selbst und andere zu akzeptieren, und zwar bedingungslos, ist ein rigoroser Schlüssel, der in deiner Sammlung nicht fehlen sollte. Und über wie viel Akzeptanz verfügst du? Wie sieht es mit deiner Flexibilität aus? Ein Beispiel: Wenn wir einen Termin verschieben, ist der andere in der Regel beleidigt oder fühlt sich persönlich betroffen. Was hat das eine mit dem anderen zu tun? Vor zwei Wochen konnte ich noch nicht wissen, dass ich mich nicht wohlfühlen würde oder mich etwas anderes davon abhält, zu diesem Treffen zu gehen. Wichtig ist, dass wir immer das tun, was für uns wirklich stimmt. Was für einen vorgesehen ist, spürt nur derjenige, der sein Bewusstsein entfaltet und der Stimme seiner Intuition folgt.

Es gab eine Zeit, zu der ich eine Vorliebe für ein bestimmtes Getränk hatte. So bekam ich bei jedem Anlass genau dieses Getränk geschenkt, und wenn ich bei jemandem zu Besuch war, wurde es mir voller Freude angeboten. Das ist ein liebenswerter Zug, aber Geschmäcker ändern sich. Als ich meinen Freunden mitteilte, dass ich mein bisheriges Lieblingsgetränk nicht mehr trinken möchte, sah man mich mit großen Augen verwundert an. Wir haben das extra für dich gekauft, du hast das ja so gern, hieß es dann. Stimmt, ich hatte es gern, aber die Betonung liegt auf »hatte«. Eine gewisse Zeit mochte ich es. Jetzt ist es nicht mehr so. Jedes Jetzt ist neu, deswegen sollten Erinnerungen und abgespeichertes Wissen stets aufs Neue überprüft werden.

Bejahen wir die Art und Weise, wie andere sind, und ebenso, wie wir sind, auch wenn wir uns damit nicht immer einverstanden erklären. Wir sind jeden Tag anders, die anderen auch. Ohne Vorbehalte, Annahmen und Erwartungen begegnet es sich am leichtesten, und auch sich selbst kann man jeden Tag neu kennenlernen. Ein nächster Schlüssel wären also Flexibilität, Verständnis und Akzeptanz für die Vielfalt des Lebens. Wir alle wissen, dass dieses einer ständigen Veränderung unterworfen ist, und sind trotzdem erstaunt, wenn sich etwas wandelt. Sei offen für Erneuerung. Nimm sie dankbar an und sag Ja zur Veränderung. Es kommt ohnehin immer anders, als wir es uns vorgestellt oder gewünscht haben. Warum nicht einfach mit dem Strom des Lebens schwimmen? Wenn ein Termin nicht zustande kommt, kann ich die Zeit für mich nutzen oder etwas anderes tun. Warum vehement an etwas festhalten? Das, was du dir vorstellst oder planst, ist nicht zwingend das Richtige. Du kannst dir eine Richtung vornehmen, sie aber nicht bestimmen. Biegt das Leben plötzlich ab, weil es etwas anderes mit dir vorhat, sollte man nicht am Vorhaben festhalten. Das Leben ist anpassungsfähig und immer spontan, warum also unflexibel sein?

Wir nehmen wohl meist an, dass wir flexibel sind. Viele sind geradezu davon überzeugt. Früher konnte ich mich des Öfteren dabei beobachten, dass mich eine unerwartete Absage verstimmte, wobei Absagen ja meist unerwartet kommen. »Ich werde jetzt verstimmt sein, weil mir die Person eine Absage erteilt hat!« Nein, so denkt man nicht. Ein unangenehmes Gefühl ist ja kein Vorhaben, sondern etwas, was einen spontan überkommt. Gedanken und Gefühle kommen und gehen. Was also können wir in so einem Fall tun?

Denken und Empfindungen steigen einfach auf, brechen über uns herein, ohne dass wir etwas aktiv dazu beigetragen hätten. Aufgrund alter Muster ist eine Erwartungshaltung entstanden, an der wir vehement festhalten. Es fehlt an Flexibilität und wir halten an Vorstellungen fest. Dazu kommt, dass wir völlig außer Acht lassen, dass es nie einen Schuldigen gibt, sondern sich die Kehrtwende des Lebens einfach so ergeben hat. Es ergibt sich – und wir? Sich dem Leben zu ergeben, wäre auch ein erwähnenswerter Schlüssel. Ob wir etwas wollen oder nicht, darauf kann das Leben keine Rücksicht nehmen.

Irgendwann habe ich mich mit dem unabsehbaren Verlauf der Dinge ausgesöhnt. Ich habe das, was sich zuträgt, einfach beobachtet und ziehen lassen. Und weißt du was? Es fühlt sich unglaublich gut an!

Ich habe einen jüngeren Freund namens Walter, der bei unserem Kennenlernen sehr engstirnig und widerspenstig war. Eine wunderbare Möglichkeit, sich in Neutralität zu üben. Anfangs tat ich mich mit seiner Art etwas schwer. Heute, wenn ich zurückblicke, muss ich lachen. Es fühlt sich einfach gut an, wenn man das Sosein der Menschen voller Gelassenheit respektiert. Walters Engstirnigkeit und aufbrausende Art sind immer noch da, wenn auch in reduzierter Form. Ich mag ihn, so wie er ist, und bei mir darf er das auch sein. Des Weiteren behält er gerne recht. Deshalb mache ich ihm ein Geschenk und hülle mich in Schweigen. Ich überzeuge ihn nicht von meiner Meinung und stelle seine auch nicht infrage. Zur richtigen Zeit nichts zu sagen, hat sich bestens bewährt. Wenn Worte bei einem Ohr hineingehen und beim anderen wieder hinaus, kann das Gesprochene auch nicht mehr zum Brandherd werden. Er ist es, der Spannungen und Unruhe erzeugt. Bleibt etwas in den Gehirnwindungen hängen, ist es schwierig, nicht zu reagieren. Deswegen lautet meine Devise: auf Durchzug schalten, anstatt Bezug zu nehmen. Sobald man den Inhalt eines Gesprächs infrage stellt oder ablehnt, wird der Verstand durch Vergleichen, Abwägen und Ein- und Aussortieren aktiv. Er will herausfinden, inwieweit sich das Gesagte mit seinem Wissensspeicher deckt. Das klingt nicht nur anstrengend, das ist es auch. Diese automatisierten Abläufe kann man zwar nicht abschalten, aber man kann sich von ihnen distanzieren, wenn man achtsam ist und alles bewusst und aufmerksam wahrnimmt. Wer voll präsent im Augenblick ist, wird Recht und Unrecht aus den Augen verlieren.

Der Drang des Sich-mitteilen-Wollens ist stark. Da war da noch der Mann, der zu seinem Freund sagte: »Du willst immer das letzte Wort behalten!« Und dieser antwortete: »Nein!« Erst wenn man sich einer Sache bewusst wird, ist man befähigt, sie hinter sich zu lassen. Durch Bewusstwerdung wird man all den Gewohnheiten, die man sich im Laufe der Zeit angeeignet hat, gelassen und unbefangen begegnen. Beginne am besten noch heute damit, dich darin zu üben, nichts mehr persönlich zu nehmen. Da der gesamte Kosmos unpersönlicher Natur ist, kann dies gelingen.

Es geht also darum zu realisieren, dass alles im Leben völlig unpersönlich vonstattengeht. Wenn du auf etwas reagierst, ist es deine Reaktion. Wie bereits erwähnt, hast du zwar am Rande damit zu tun, aber du bist nie persönlich gemeint. Es persönlich zu sehen, bedeutet, betroffen zu sein. Du machst *die* Sache also erst zu *deiner* Sache, wenn du dich angesprochen fühlst. Getroffen und betroffen zu sein, sind Eigenschaften des Individuums, wir aber sind viel mehr. Man kann von etwas berührt sein, das hat eine andere Energie als Betroffenheit. Mitfühlen statt mitleiden, lautet die Devise. Setzt einem etwas zu, so muss man sich fragen, warum man es voll und ganz in sein System aufnimmt und dort für Unruhe sorgen lässt. Nur durch Ruhe bist du für andere hilfreich und ein Segen für die Welt. Unruhe zieht dich selbst in ein tiefes Loch. Dort wirst du niemandem eine große Hilfe sein und auch nichts zur Veränderung oder Verbesserung beitragen. Freiwillig setzt sich niemand in dieses Loch. Ich würde auch lieber hinuntersehen als von unten nach oben. Noch besser ist es, vom Loch zu wissen, sich ihm aber weder emotional noch gedanklich zu nähern. Das ist nicht mit Ignoranz gleichzusetzen, sondern mit Weisheit und Gleichmut. Versuche nicht, andere oder die Welt zu verändern, sondern beginne bei dir selbst.

Da kommt mir eben wieder *Frau Holle* in den Sinn. Marie konnte sich nur in eine Goldmarie verwandeln, weil sie bei Bedarf half. Sie nahm das Brot aus dem Ofen, sodass es nicht verbrannte, und schüttelte den Baum mit den reifen Äpfeln. Somit waren die Umstände Mittel zum Zweck, damit sich das Ganze zum Guten wenden konnte. Und Goldmarie tat es mit Freude und frei von jeder Erwartung. Wenn wir jetzt damit beginnen, uns selbst zu helfen, wird auch unser Leben eine wundersame Wandlung erfahren. Selbsthilfe beginnt nicht dort, wo wir handeln, sondern auf der gegenüberliegenden Seite. Schau in Richtung Selbst, anstatt dich im Ich zu verlieren.

Wir dürfen nicht vergessen, dass die Erziehung und das Umfeld, in dem wir aufgewachsen sind, mit all den Erfahrungen, die wir gemacht haben, Spuren hinterlassen haben. Und diese Spuren begleiten uns. Sie lassen uns immer wieder mit dem Kopf gegen die Wand rennen. Ob wir wollen oder nicht, das sind Programme, die auf unsichtbarer Ebene ablaufen und tief in uns verankert sind. Folgender Schlüssel kann dir eine Hilfe sein: Wenn wir uns die Zeit nehmen, uns mit Prozessen wie Programmen, Denkweisen, Reaktionen und Verhaltensmustern auseinanderzusetzen, werden wir irgendwann ihren Wesenskern erkennen. Dadurch werden die in Gang gesetzten Prozesse in andere Bahnen gelenkt und nehmen ab. Nur wenn wir wegschauen und diese Abläufe ignorieren oder als normal erachten, wird alles beim Alten bleiben. Willst du das? Seit 50 Jahren spreche ich von einem besonderen Schlüssel, der eine Weisheit beinhaltet, die banal und simpel klingt, aber durchaus wirkungsvoll ist: Ziehe den Blick von außen ab und richte ihn nach innen!

Vielleicht möchtest du ihn bewusst anwenden und in dein Leben integrieren? Es ist völlig egal, ob du schon von ihm gehört hast oder ob er vollkommen neu für dich ist. »Umsetzen« lautet das Schlüsselwort jeden Schlüssels. Den Blick von außen abzuziehen und ihn nach innen zu richten, ist nicht anstrengend. Es ist einfacher, als du denkst. Es ist eine Lebensart, die in jeder Hinsicht befreit und glücklich macht.

Wer sich seiner Schwächen annimmt, wird sie in Stärken wandeln. Schwächen sind ja nichts anderes als eine Ansammlung von Irrtümern und Missverständnissen, die man erkennen muss. Es gibt nichts an dir, was du ablehnen oder wofür du dich schämen musst. Alles hilft dir bei deiner Verwandlung zum kosmischen Menschen. So kann man sich mit allem aussöhnen und für alles dankbar sein.

Wissensschätze aus 50 goldenen Jahren

Neben all den wertvollen Schlüsseln gibt es sogenannte Eckpfeiler, die das Fundament meines jahrelang zusammengetragenen Wissensschatzes bilden. All diese wunderbaren geistigen Werkzeuge haben nach und nach zu mir gefunden, sich entwickelt und sich als sehr hilfreich entpuppt. Vielleicht kennst du das eine oder andere bereits oder hast es sogar schon ausprobiert, dann gratuliere ich dir recht herzlich.

Von Tausenden Menschen erfolgreich angewandt, sind sie der sichtbare Beweis dafür, dass man einiges dazu beitragen kann, um sein Leben zu ordnen. Es in neue Bahnen zu lenken und frischen Wind in den Alltag zu bringen, ist ein Abenteuer, das jeden Tag aufs Neue beginnt. Es braucht deine Entscheidung und ein Ja zur Umsetzung, um deiner Erfüllung einen Schritt näher zu kommen.

Das Richten der Aufmerksamkeit ist ein ganz wichtiger Punkt. Du ziehst das an, dem du deine Aufmerksamkeit schenkst. Dieses Wissen kannst du bewusst nutzen, um Dinge in dein Leben einzuladen und es anders zu gestalten. Wenn du einer Sache gar keine Aufmerksamkeit gibst, kann sie nicht Teil deines Lebens sein. Es ist das einfache Gesetz der Anziehung. Richte deine Aufmerksamkeit auf dein Ziel. Für Fortgeschrittene gilt: Wenn du dein ganzes Augenmerk auf den Moment richtest, ziehst du zwar nichts gezielt an, aber öffnest dich für das, was für dich bestimmt ist und so zu dir finden kann.

Jeder kann *die Macht seiner Ausstrahlung* nutzen. Alles ist Energie und strahlt etwas aus. Die energetische Signatur ist das, was du unbewusst aussendest. Es ist sozusagen ein Auftrag an das Leben, dir das zur Verfügung zu stellen, was du ausgesendet hast. Es ist eine Art unbewusste Bestellung. Die Ausstrahlung kommuniziert auch ohne Worte. Ob Blick, Haltung oder Geste, alles drückt etwas aus und verstärkt das, was du aussendest. Sei dir dessen bewusst und gehe achtsam durchs Leben. Wer sich seiner energetischen Signatur bewusst ist, kann sie auch gezielt einsetzen und für sich nutzen.

Wir alle haben uns schon einmal geärgert. Viele Menschen sind aber auch schon gelassener geworden und haben den Ärger hinter sich gelassen. Manche ärgern sich immer noch und werden es auch weiterhin tun. *Ärger ade* scheint dort nicht zu funktionieren. Vielleicht ist einem nicht bewusst, dass man sich beim Ärgern nur selbst Schaden zufügt; vielleicht glaubt mancher, dass das einfach zum Leben gehört. Ärgern tut man sich in der Regel nur dann, wenn einem etwas gegen den Strich geht und etwas partout nicht funktionieren will. Wenn wir den Dingen ihren Lauf lassen und akzeptieren, dass es ist, wie es ist, kann sich der Ärger nach und nach beruhigen.

Die Kunst der Bewegung solltest du dir auch zu eigen machen. Bewegung sollte auf körperlicher und geistiger Ebene stets ausgeglichen sein. Ein Übergewicht wird zu Disharmonien führen. Immer in Bewegung zu bleiben, bedeutet aber nicht, zu hasten und nie zur Ruhe zu kommen. Jede Form von Bewegung sollte mit deiner körperlichen Verfassung im Einklang sein. Halte dich am besten im Augenblick auf, und ziehe in Betracht, dass jederzeit von überallher Möglichkeiten auf dich zuströmen. Auch dort, wo du sie nicht vermutest, warten sie auf dich. Du musst sie also nur noch wahrnehmen und empfangen.

Bestellungen beim Universum tätigt man schon seit jeher. Sie werden an Gültigkeit und Wirksamkeit niemals etwas verlieren. Die allgemein bekannte universelle Parkplatzbestellung funktioniert, auch wenn sie ab und an belächelt wird. Ein großer Dank an dieser Stelle an die leider viel zu früh verstorbene Bärbel Mohr, die mit ihrem Wirken und mit ihren Büchern großartige Pionierarbeit in Sachen Bewusstsein geleistet hat. Das Leben ist kein Wunschkonzert und dennoch können wir unseren Beitrag für mehr Harmonie und Eintracht leisten. Es müssen ja nicht immer die eigenen Wünsche, Ziele und Erwartungen sein, denen man seine Aufmerksamkeit schenkt. Es gibt so vieles, dem diese guttun würde. Es ist übrigens durchaus berechtigt, mentale und geistige Fähigkeiten und Kräfte infrage zu stellen. Allem Unsichtbaren und Unbekannten werden erst mal Zweifel entgegengesetzt. Es tut aber kein bisschen weh, Vorbehalte und Skepsis für einen Moment zur Seite zu schieben und andere Sichtweisen zumindest in Betracht zu ziehen. Seine Kräfte bewusst einzusetzen, gleicht einem Experiment, das man jederzeit abbrechen, aber auch vertiefen kann. Wer mit seinem Leben vollkommen zufrieden ist, dem kann man gratulieren. Wer allerdings gegenteilig empfindet, kann den Versuch wagen, seine bildliche Vorstellung und intuitive Wahrnehmung gezielt zu schulen, was automatisch für mehr Wohlbefinden sorgen wird. Warum? Weil man sich nicht gleichzeitig in angstbesetzten und problembeladenen Gedanken aufhalten kann. Somit ist jede geistige Neuorientierung wertvoll, auch wenn man vorerst keine Besserungen oder Veränderungen feststellen kann. Was auch immer du tust, wenn du dabei keine belastenden Gedanken pflegst, bedeutet das Urlaub für dein Nervenkostüm und deine Seele.

Um *zu Bewusstsein zu kommen*, stehen dir unendlich viele Schlüssel zur Verfügung, die nicht nur in diesem Buch zu finden sind. Auch dieses Kapitel hilft dir auf die Sprünge, um in Bewegung zu bleiben und stets an dir zu arbeiten. Bewusstwerdung ist eine Lebensaufgabe. Wer sich ihr widmet, vergeudet seine wertvolle Zeit nicht. Zu deinem Selbst zu erwachen, solltest du also nie aus den Augen verlieren, der Weg ist das Ziel. Fange am besten gleich jetzt damit an und sei unermüdlich bei deiner Entdeckungsreise.

Wir treffen auf unserem Lebensweg andauernd Entscheidungen, und oft glauben wir, dass die eine oder andere falsch gewesen ist. Was kann man tun, um *die richtigen Entscheidungen* zu *treffen*? Alles, was du bis jetzt getan hast, war absolut richtig, und du solltest dir nichts anderes einreden lassen. Die sogenannte falsche Entscheidung ist auf deinem Erfahrungsweg unabkömmlich. Nur so lernst du, was zu dir passt und was für dich ungeeignet ist. Auch wenn es ein schmerzvolles Erlebnis war, so konntest du doch daraus lernen. Oft sind die schmerzhaften Erfahrungen die wirkungsvollsten. Jede Entscheidung, die du triffst, ist eine Bereicherung für dich, ganz gleich, wie das Ergebnis ausfallen wird. Trotzdem solltest du besser innehalten, bevor du etwas beschließt. Höre achtsam zu, was dein Verstand zu sagen hat, und dann lass dein Herz sprechen. Danach wäge ab, bei welcher Möglichkeit du dich wohler fühlst. Was auch immer geschieht, gib dem Ganzen Raum zur Entfaltung.

Es gibt unzählige Gründe, dankbar zu sein. Du bist immer noch im Spiel des Lebens und kannst daran teilhaben. Das allein ist Grund genug, Danke zu sagen. Ich bedanke mich jeden Tag beim Leben, da *Dankbarkeit* eine große Kraft in sich birgt. Aufrichtige Dankbarkeit schmeichelt dem Leben, und wer das Leben beschenkt, wird selbst zum Empfänger. Und wenn einmal alles schiefläuft, solltest du nicht vergessen, dass es nur diese eine Sache ist, die dich stört. Für alles andere kannst du dankbar sein, und wenn du das schaffst, kannst du auch das, was schiefgelaufen ist, annehmen und damit im Frieden sein. Dankbarkeit ist ein guter Begleiter, denn es gibt nichts, wofür du nicht dankbar sein kannst.

Erfolgreichsein findet jederzeit und überall statt. Wenn ich zu dir sage, dass du erfolgreich sein kannst, ist dies kein Versprechen für ein von Erfolg geprägtes Leben oder für das, was im herkömmlichen Sinne darunter verstanden wird. Erfolg ist das, was erfolgt. Misserfolge gibt es nicht. Es gibt nur Ursache und Wirkung, wobei Letztere die notwendige Folge der Ursache ist. Was auch immer erfolgt, du hast die Saat gelegt. Natürlich säen wir meist unbewusst und viele Wirkungen entfalten sich erst nach mehreren Leben. Somit haben wir viele Samen schon in unser Leben mitgebracht. Wir sollten uns keine Gedanken über Erfolg oder Misserfolg machen, da es nur Erfahrungen gibt. Wenn wir beides gleichwertig und als solches betrachten können, woran sollten wir uns dann noch freuen oder stören?

Wer sich darüber ärgert, einen Fehler gemacht zu haben, macht gerade wirklich einen. Erkenne *Fehler als Chance*, denn durch sie kannst du schneller zu einem guten Ergebnis kommen. Für mich sind Fehler seit jeher ein Kapital, doch nicht alle verstehen es, dieses für sich zu nutzen. Außerdem sind sie der schnellste Weg zum Erfolg, weil sie aufzeigen, was fehlt. Wenn ich weiß, was fehlt, weiß ich auch, was zu tun ist. Die Botschaft des Lebens zu verstehen, kann man sich hier zunutze machen. Wenn wir Fehler stets vermeiden wollen, können wir nie herausfinden, was richtig ist. Danke dem Leben, dass es dir Fehler ermöglicht und dir damit Chancen einräumt, damit sich alles zum Besseren wandeln kann. »Durch Fehler wird man klug, deshalb ist einer nicht genug.« Dieses Sprichwort sollten wir nicht belächeln, sondern es uns auf der Zunge zergehen lassen. Es kann uns nämlich dabei unterstützen, sogenannte Fehler mit anderen Augen zu betrachten. Dass wir als Kinder für Fehler bestraft worden sind und in der Schule schlechte Noten erhalten haben, erschwert es uns, Fehler als Kapital zu betrachten. Sie ermöglichen es uns, rascher zum bestmöglichen Ergebnis zu kommen. Es gibt keinen Fehler, nur Hinweise, die uns darauf aufmerksam machen, was es zu verbessern gilt. Sogenannte Fehler sind Wegweiser, die man entschlüsseln kann. Die Sprache des Lebens ist nicht immer einfach zu verstehen, aber sie erfolgt.

Die Macht der Gedanken möchte ich hier nur am Rande erwähnen. Warum die Gedanken Schwerpunkt dieses Buches sind, wirst du wissen, wenn du ihnen auf den Zahn gefühlt hast. Der Verstand ist ein wunderbarer Begleiter, der unumgänglich ist. Doch hüte dich vor überflüssigem Nachdenken, und sei dir stets bewusst, was es mit den Gedanken auf sich hat und wie sie dein Leben beeinflussen.

Die richtige Zeit, um überholte Gewohnheiten abzulegen, ist immer genau jetzt. Gewohnheiten müssen nicht immer negativ oder hinderlich sein, es gibt durchwegs welche, die bereichernd in Erscheinung treten. *Negative Gewohnheiten ablegen?* Du wirst sehen, dass es gar nicht so einfach ist, dem nachzukommen. Vieles hat sich über Jahre hinweg festgesetzt und sozusagen automatisiert. Wer sich alter Gewohnheiten entledigen möchte, sollte sie sehr gut beobachten. Der erste Schritt ist es, sich ihrer bewusst zu werden. Wenn uns eine Gewohnheit wirklich stört, können wir uns alternativ eine gute aneignen und die alte bewusst durch diese ersetzen. Die schlechte Gewohnheit mit einem neuen Ritual in die Flucht zu schlagen, ist immer einen Versuch wert. Mit ein wenig Übung wird es gelingen. Auch Sätze, die wir immer wieder aussprechen, oder Gedankengänge, die wir immer wieder aufs Neue hegen, können hinderlich sein. Sie sind zum Selbstläufer geworden. Kämpfe nicht zwanghaft dagegen an, sondern ändere sie durch Achtsamkeit. Lästige Gewohnheiten sollte man nicht abschütteln, sondern sie stattdessen einfach infrage stellen. Jedes Mal wenn die Gewohnheit auftaucht, fragst du dich, ob du das wirklich möchtest. Ist es gut für mich? Will ich das? Das heißt, du hinterfragst das, was du tust, und hast jedes Mal die Chance, eine neue Entscheidung zu treffen. Da die Antwort nein lauten wird, hast du allen Grund zu agieren. Dies ist eine gute Möglichkeit, um sich von dem zu befreien, was einem schlussendlich nur schadet.

Die Macht des Glaubens schenkt dir das notwendige Vertrauen, das du brauchst, um in Harmonie und in deiner Mitte zu bleiben. Glaube nicht an etwas, glaube an dich. Wer den Glauben ausschließlich mit Religion verbindet, weiß nicht um seine Größe. Der wahre Glaube ist gleichzusetzen mit Vertrauen. Vertrauen in das Leben und Vertrauen in sich selbst sind eine Grundeinstellung, die sich jeder zu eigen machen kann. Der Glaube schenkt Hoffnung und kann der Anker des Lebens sein. Auf der anderen Seite gibt es aber auch unendlich viele hinderliche Glaubenssätze, die den Menschen prägen und ihn davon abhalten voranzuschreiten. Dieser sollte man sich bewusst werden und sie gut beobachten, damit man sie leichter loslassen kann.

In der *Kunst des Loslassens* hat sich bestimmt schon jeder probiert oder zumindest davon gehört. Loslassen ist befreiend und sehr effektiv. Über das Loslassen wurde schon so viel geschrieben und gesprochen, deshalb möchte ich hier einen Schritt weiter gehen. Ersetze das gewollte Loslassen durch Seinlassen und dein Selbst wird sich dir offenbaren.

Ein märchenhaftes Leben ist möglich. Wer wünscht es sich nicht und möchte nicht heiter, fröhlich und ausgelassen sein? Damit sich diese Leichtigkeit einstellen kann, gilt es, Prüfungen zu bestehen. Dies sind Aufgaben, vor die uns das Leben stellt. Sie verstecken sich in verzwickten Situationen, herausfordernden Begegnungen und sonderbaren Gegebenheiten. Wer erkennt, was sich hinter diesen Herausforderungen verbirgt, ist wahrhaftig gesegnet. Schmiede dir ein märchenhaftes Leben, indem du deiner Bewusstwerdung vermehrt Aufmerksamkeit schenkst. Sie ist der Schlüssel zum Glück.

Die *Kunst der Mühelosigkeit* zeugt von Leichtigkeit. Wenn durch Wollen auf das Leben Druck ausgeübt wird, wird es träge und schwer. Man sollte es nie in eine Richtung zwingen, sonst fügt man sich selbst Schaden zu. Das Leben sprudelt vor Möglichkeiten, die zu dir drängen. Schieb sie nicht fort, indem du durch Anstrengung und Vorstellungen versuchst, etwas in dein Leben zu ziehen, was den Geschenken des Lebens den Platz versperrt. Sei losgelöst und gib dich dem hin, was bereits da ist. Du kannst deine Erfüllung finden, wenn du dich darauf einlässt und Gedanken nicht allzu weit abschweifen lässt.

Wenn du immer noch nach dem idealen Partner suchst, solltest du damit beginnen, selbst *der ideale Partner zu sein.* Partnerschaft ist etwas, was wachsen muss. Es bedeutet, sich gemeinsam zu entwickeln und mithilfe des anderen zu sich selbst zu erwachen. Was auch immer mich am Partner stört, hilft mir dabei, mich zu entwickeln. Durch ihn wird mir bewusst, dass nicht sein Verhalten das Problem ist, sondern meine Haltung ihm gegenüber. Wenn ich ihn so sein lassen kann, wie er ist, und ich alle Widerstände und Abneigungen losgelassen habe, beginnt die Liebe zu reifen und zu wachsen.

Wer im *Schöpferbewusstsein* lebt, schöpft sein Leben vollkommen aus und hat realisiert, was er eigentlich ist. Solange das persönliche Ich mit dem unpersönlichen Selbst verwechselt wird, wird das Leben als schmerzhaft empfunden. Es möchte mir ja nur aufzeigen, dass ich mich verlaufen habe, und mich zur Rückkehr bewegen. Das Schöpferbewusstsein vollkommen in Besitz zu nehmen, zeugt von Größe, die wir uns zuerst zugestehen müssen. Wir sollten keine Angst vor unserer eigentlichen Identität haben und alles daransetzen, uns ihr anzunähern. Im Alltag gibt es genügend Möglichkeiten, wenn wir unsere Zeit nicht mit Beschäftigungen vergeuden, die uns vom eigentlichen Weg ablenken und für die Reise der Bewusstwerdung bedeutungslos sind.

Die Sprache des Lebens zu verstehen, ist gar nicht so schwer, wenn man sich ihr öffnet. Überall warten Botschaften und Hinweise, die kaum bemerkt werden. Warum übersehen wir sie? Weil wir kaum im Augenblick und zu wenig aufmerksam sind. Wenn der Kopf voll ist, hat die Intuition keine Möglichkeit zur Entfaltung. Wo auch immer du hinschaust, etwas hat dir etwas mitzuteilen. Um für Botschaften empfänglicher zu werden, sollten wir innehalten, zur Ruhe kommen und das Jetzt genießen. Schaffe immer wieder Auszeiten, weil sie Balsam für deine Seele sind, selbst wenn sie nur ein paar Minuten dauern. So kannst du nach und nach empfangen und verstehen, was dir das Leben aufzeigen möchte.

Es spricht keine fremde Sprache, sondern die deines Herzens.

Sympathisch zu sein, ist ein Türöffner. Der erste Eindruck ist unmittelbar der wichtigste, und es gibt keine zweite Chance für einen ersten Eindruck. Sympathisch zu sein, hat auch etwas mit Ausstrahlung und Wohlwollen zu tun. Was aber macht Menschen sympathisch? Warum kann man Menschen nicht riechen oder nicht leiden? Da jeder eine andere Ausstrahlung hat, versteht es sich von selbst, dass du nicht an jedem Gefallen finden kannst. Wie heißt es so schön? »Gleich und Gleich gesellt sich gern« – Gleiches zieht Gleiches an. Ein Mensch, der wirklich sympathisch ist, hat eine energetische Signatur, die von Offenheit und Liebe zeugt. Unwiderstehlich für die, die sich danach sehnen.

Das Wohlstandsbewusstsein zu wecken, ist der erste Schritt, um sich wohler zu fühlen, und dient nicht dazu, äußeren Reichtum anzuhäufen, sondern den inneren zu entdecken und zu vermehren. Wahrer Reichtum ist unsichtbar und kann nicht willentlich erzeugt werden. Wirklich vermögend bist du, wenn du es vermagst. Was immer du willst, kannst du erreichen, aber ergibt es auch Sinn? Im Falle des Erfolgs muss man schlussendlich damit leben. Eigentlich sollte man das gewünschte Ergebnis immer Probe tragen. Man sollte es sich geistig anziehen, es anprobieren, sich quasi hineindenken und -fühlen und es sich bis ins Detail bildlich vorstellen. Das Imaginieren hilft dir dabei, es auf allen Ebenen zu spüren und sichtbar zu machen. Nach mehrmaliger Wiederholung kannst du so feststellen, ob du richtig lagst oder dich nur in eine Idee verrannt hast. Überprüfe die Erfüllung, bevor sie eingetreten ist, damit es sich auch wirklich lohnt. Wenn sich das Ergebnis gut anfühlt, wäge ab, ob es auch für andere stimmt. Wenn der Erfolg dem Allgemeinwohl dient, kannst du den neuen Anzug oder das neue Kleid ungeniert tragen.

Was ist ein Menschenleben wert?

Was meinst du: Müsste nicht die Wirtschaft dem Menschen dienen anstatt umgekehrt? Vor Kurzem sah ich ein interessantes Interview mit einem Mediziner, der mir aus der Seele sprach und die Menschenwürde in den Vordergrund rückte. Er sagte: »Kann das Wachstum des Bruttosozialproduktes wirklich wichtiger sein als Wohlergehen und Gesundheit des Einzelnen?« Scheinbar schon, dachte ich bei mir. Bei der Betrachtung des Weltgeschehens kann es einem schon mulmig zumute werden. Wegsehen macht es aber auch nicht besser.

Milliarden Euro wurden etwa zur Rettung des Euros ausgegeben. Milliarden werden zur Terrorismusbekämpfung eingesetzt und abermals Milliarden für allerlei andere Dinge. Schwindelerregende Zahlen, die wir uns kaum vorstellen können. Blicken wir auf die Welt, lässt sich eine gewisse Ignoranz feststellen. Ist es Ahnungslosigkeit, liegt es am fehlenden Wissen um die Wirklichkeit? Der Mensch ist davon überzeugt, dass er der Größte ist, ihm alles möglich ist und dass er alles beherrschen kann. Doch selbst wenn er es versucht, es wird ihm nicht gelingen. Plötzlich geschehen Dinge, die dem Menschen seine Grenzen aufzeigen. Er wird sich bewusst, wie hilflos und winzig er ist, dass er in einer Abhängigkeit lebt und keineswegs frei ist: Das Wetter spielt verrückt, Feuer und Wasser werden zur Bedrohung, ein Virus tritt in sein Leben, stellt alles auf den Kopf und legt sogar die Wirtschaft lahm. Wer hätte das gedacht! Plötzlich sieht man die Welt mit anderen Augen und erkennt, dass man aufeinander und auf die Natur angewiesen ist. Nachdem man sich jahrelang über sie gestellt und sie erfolgreich zerstört hat, muss man sich eingestehen, dass man nicht über ihr steht, sondern Teil von ihr ist.

Die Tiere, die mit uns im Leben stehen, mit demselben Recht auf ebendieses, werden als Nutztiere gehalten! Es gab auch schon mal Nutzmenschen, die nannte man Sklaven oder Leibeigene. Andere Geschöpfe der Natur werden durch Rodung aus ihrem Lebensraum vertrieben. Warum kümmert es kaum jemanden, dass sie bereits lange vor uns da waren? Dass Bäume leben, ist vielen auch nicht mehr fremd – und trotzdem geht die Abholzung ohne Unterlass weiter. Wie lange noch? Ausbeutung, wohin das Auge schaut, und für einen Moment lang hat man das Gefühl, dass alles wie ein Bumerang zu uns zurückkommt, uns alles um die Ohren fliegt, weil es nicht 5 vor 12 Uhr, sondern 12 Uhr bereits vorbei ist. Etwas läuft schief, und Auswirkungen haben Ursachen, die bekanntlich nicht vom Himmel fallen. Inmitten dieses Lebensdramas sitzen Vögel im Gebüsch und pfeifen unbeirrt ihr Lied und auch die Blumen erblühen im Frühling stets aufs Neue. Menschen denken um, rücken zusammen, reichen sich die Hände. Für wie lange?

Es ist an der Zeit, Gier, Egozentrik, das Streben nach Macht, Profit, Ruhm und den Wahn von ewiger Schönheit und Jugend zu verabschieden. Das ist nicht etwas, was die Menschen dort draußen tun sollen, sondern wir alle. Ich und du. Wir. Auch mal großzügig zu spenden, wenn der Name nicht in der Presse steht, und Menschlichkeit über eigene Belange zu stellen, nennt man Bescheidenheit. Einfach sein, Natürlichkeit leben, die auch schwach und verletzlich sein darf. Eine Verletzlichkeit, die von Stärke zeugt und Mut beweist, verantwortungsvoll durchs Leben zu gehen und miteinander vertrauensvoll in die Zukunft zu blicken.

Es gibt nichts, was nicht überwunden werden kann. Man muss im Leben aber nicht immer gewinnen, sondern sich mit dem arrangieren, was einem zur Verfügung steht. Tut man das, werden sich automatisch Türen öffnen, hinter denen sich neue Chancen verbergen. Auch ohne Schlüssel. Wir haben, zumindest jetzt, nur dieses eine Leben zur Verfügung. Wir haben Ort und Umfeld nicht gewählt. Hineingeboren in ein Bewusstsein, das sich in einem Körper behaupten und überleben muss, kein leichtes Unterfangen.

Ich habe keine Angst vor dem Tod, weil ich davon überzeugt bin, dass er nicht das Ende, sondern eine Überleitung ist. Auch eine Tür, für die es keinen Schlüssel braucht, da sie sich von selbst öffnet. Das körperliche Dasein mag enden, aber wir gehen weiter, das Selbst stirbt nicht. Wir haben ein Lebenskonto, das alles aufführt. Wenn am Lebensende die positive Seite länger ist als die negative, haben wir etwas richtig gemacht. Nach weiteren Stationen treten wir wieder in den Kreislauf des Lebens ein und können uns den Aufgaben erneut stellen, die unerledigt geblieben sind. Das Prozedere beginnt von vorne. Noch besser aber wäre es, zu erkennen, was es mit dem Leben auf sich hat. Dazu bedarf es eines Umdenkens, einer Wandlung. Kehre um, ohne dich vom Leben abzuwenden. Sei ganz Mensch und lebe das Leben, das dir gegeben wurde. In ihm liegt der Samen für die Wandlung, der gepflegt werden will. Wenn er zu sprießen beginnt, hege ihn wie ein kleines Kind. Vielleicht hilft dir das dabei, zu deinem inneren Kind zurückzukehren. Es ist sehr einfühlsam und verletzlich, so wie du. Heile dein inneres Kind! Unter diesem Namen habe ich ein Kartenset veröffentlicht, welches die Rückkehr zur inneren Jugend und Frische begleitet und unterstützt.

Der Weg ist unwegsam und kann ganz schön ungemütlich werden, wie du selbst sehen kannst und sicher auch schon erlebt hast. Verschwende nicht deine gesamte Energie mit dem Versuch, mehrere Hürden auf einmal zu nehmen, das Ankommen kann nicht forciert werden. Schenke jeder Treppe deine ganze Aufmerksamkeit, und gehe weiter, wenn es das Leben von dir verlangt.

Im Jahr 2020 gab es mehr als 700 Millionen unterernährte Menschen auf der Erde, einige Quellen sprechen sogar von über 800 Millionen Hungernden. Zugleich litten circa 1,7 Milliarden an Übergewicht. Wenn man sich das Verhältnis ansieht, erkennt man, was der Wohlstand mit uns macht. Übermäßiger Fleischkonsum, fettes Essen, Weißmehl und Zucker machen nicht nur krank, sondern auch unförmig. Die ermittelten Zahlen sind durchwegs beunruhigend. Wir werden dazu verführt, immer mehr zu essen, vor allem ungesundes Zeug, was uns letztlich in die Maschinerie des Gesundungsapparats hineinmanövriert. »Eigenverantwortung« ist ein schönes Wort, doch der Mensch ist schwach. Er ist auf ein gutes Angebot angewiesen, das ihm dabei hilft, gesund zu bleiben. Was er präsentiert bekommt, ist mehrheitlich krank machend. Nicht jeder verfügt über das notwendige Unterscheidungsvermögen und hat genügend Zeit, um sich bei jedem Einkauf die gesamten Angaben auf der Verpackung über Inhalt und Nährwert durchzulesen. Ein langer dornenreicher Weg sollte nicht die Voraussetzung für ein Umdenken sein. Ich bin davon überzeugt, dass es anders geht und die Menschen sich vermehrt auf einem sehr guten Weg befinden. Ich sehe das, was wir Realität nennen, nicht so schwarz. Für mich sind alle Menschen durchaus in der Lage, sich zu wandeln, wodurch sich die Welt ebenfalls verändern wird. Eine Veränderungsbereitschaft hat sich definitiv eingestellt, das ist weltweit ersichtlich. Auch wenn es noch Störherde gibt, so vollzieht sich in uns doch ein Umbruch, der sich von den alten Strukturen löst und uns hoffen lässt. Wir sind alle dazu in der Lage, uns neu zu orientieren und weiterzuentwickeln. Es lässt sich nicht leugnen, dass einiges schiefgelaufen ist und es immer noch tut, aber wie »gerade«, wie aufrecht sind wir?

Ja, die Welt scheint aus den Fugen geraten zu sein. Vieles erscheint uns merkwürdig, doch nichts ist, wie es scheint. Lass dich vom Schein nicht täuschen oder blenden, dich durch nichts verunsichern oder vom Weg abbringen. Wir sind stärker und größer, als wir es uns je vorstellen können. Ich glaube an die Menschheit und ich glaube an dich. Jeder Mensch zählt!

Man könnte sich über vieles beschweren und einiges schlechtreden, aber macht es das besser? Da es nichts an der Situation ändert, ändere dein Verhalten und bleib bei dir. Wenn wir davon ablassen, uns über andere und anderes auszulassen, sind wir auf einem guten Weg. Bevor wir die Welt kritisieren, sollten wir unseren Blick auf unsere Wahrnehmung richten und uns mit unseren Widerständen und Verurteilungen auseinandersetzen. Sind wir perfekt? Wie kann es dann die Welt sein?

Beginnen wir also, uns selbst in die Mitte zu rücken, denn genau das ist es, was die Welt wieder in gute Bahnen lenkt. Unterschätze deine Handlungen und dein Denken nicht. Überprüfe deine Taten und deine Gedanken. Sind sie besser als die der anderen? Wenn du keine Gründe für Freude findest, gebe ich dir jetzt welche mit auf den Weg:

Niemand kann deine Gedanken lesen.

Du atmest jeden Tag, ohne etwas dafür tun oder können zu müssen, und das völlig kostenlos.

Du bist am Leben!

Wenn das nicht drei gute Gründe sind, um sich wieder an die Lebensfreude zu erinnern und dankbar und bescheiden zu sein! Dankbar zu sein, anstatt nachzudenken – ein Tauschvergnügen, das sich lohnt. Bist du bereit, deine Gedanken zu tauschen, zu sortieren, zu überprüfen und gegebenenfalls zu ändern?

Eine intakte Welt würde unsere Gedankenstürme höchstwahrscheinlich nicht verhindern, aber gesunde und neutrale Gedanken sind sehr wohl in der Lage, die Welt in ein anderes Licht zu rücken. Ziemlich sicher sogar!

Auf unsere Kosten

Gerne tauche ich an dieser Stelle noch einmal in meine Vergangenheit ein. Als ich noch als Heilpraktiker tätig war, konnte ich mir genügend Zeit für meine Klienten nehmen. Heute muss alles schnell gehen: Der Arzt fragt nach dem Befinden, nimmt ein Medikament aus der Schublade oder stellt ein Rezept aus, und schon stehen wir wieder auf der Straße. Aufgrund der rasanten Beschleunigung, die fast alle Lebensbereiche betrifft, ist das Wort »Entschleunigung« in aller Munde. Immer mehr Menschen sind krank und das System kann nicht wirklich als gesund bezeichnet werden. Was ist noch gesund? Man kann lange überlegen, und wer jetzt an die Natur denkt, wird diesen Gedanken auch ganz schnell wieder verwerfen. Das Thema Gesundheit ist heikel, da es ja Krankenkassen gibt und keine Gesundheitskassen. Viele wissen, dass der Mensch bei körperlichen Problemen als Ganzes angesehen werden muss. Dennoch führen Ärzte und Krankenhäuser ein Geschäft, das florieren und Umsatz bringen muss. Jeder achtet darauf, ganz gleich, in welcher Branche er beschäftigt ist, was auch verständlich ist. Die Verkäufer von Produkten großer Konzerne wollen ebendiese Produkte unter die Menschen bringen und das ist natürlich ein Geschäft. Ärzte leisten großartige Arbeit. Jeder richtet sich bei der Wahl der Person seines Vertrauens nach seinen Überzeugungen. Wer keinen Arzt aufsuchen will, geht zum Heilpraktiker, Naturheilarzt oder versucht, das selbst hinzubekommen. Jeder muss hier in die Verantwortung gehen und sehen, wie viel er davon übernehmen oder abgeben will. Somit ist immer das, was man tut, individuell richtig, wenn man es als solches erachtet.

Jeder geht seinen eigenen Weg und soll ausprobieren, was ihm seine Intuition sagt. Angst ist hier kein guter Ratgeber. Vielleicht sollten wir uns etwas Zeit schenken und gut abwägen, wofür wir uns entscheiden, um Schnellschüsse zu vermeiden. Es scheint alles darauf ausgerichtet zu sein, den Menschen so schnell wie möglich wieder funktionstüchtig zu machen. Wenn aber genau diese Denk- und Handlungsweise seine Krankheit bewirkt hat, wie sinnvoll kann es dann sein, ihn schnell wieder herzustellen? Damit er genau dort anknüpft, wo er zuvor aufgehört hat?

Beschleunigung erfahren wir überall. Einen Gang zurückschalten kann man meist erst dann, wenn irgendwo ein Warnsignal aufleuchtet. Das Leben ist gut darin, Warnungen zu verteilen und Trennungen, Krankheiten, Depressionen, Burn-outs, Unfälle, Pleiten, Pech und Pannen auf den Plan zu rufen. Man stresst sich so lange, bis man eines Tages feststellt, dass man nie wirklich gelebt hat. Man hat funktioniert. Eigentlich wollte man schon lange etwas anderes machen. So wie es momentan läuft, hatte man sich seinen Alltag nicht vorgestellt. Man ist davon überzeugt: Die Umstände lassen es nicht zu, eine Änderung vorzunehmen. Die Situation mag verfahren sein, aber das beruht auf unserem Denken. Es ist eingefahren, voller Unruhe und starr, so wie es nach und nach das Leben wird. Gewohnheit und das vermeintliche Sicherheitsdenken sind keine guten Wegweiser, wenn es um Veränderung geht. Sie verhindern den Aufbruch. Es ist bestimmt nicht einfach, sich vom Partner zu trennen, wenn man Kinder hat, oder den Job zu kündigen, wenn kein anderer in Aussicht ist, die Lebensunterhaltskosten sitzen einem ganz schön im Nacken. Die Genick- oder Kopfschmerzen kommen ja nicht von irgendwoher. Dennoch sollten wir uns etwas zutrauen. Wir sollten nicht nur Neues wagen, sondern es herausfordern. Loslegen und voll und ganz auf das Leben vertrauen, lautet die Devise, wobei wir wieder beim Schlüssel des Vertrauens angelangt wären. Zuallererst müssen wir damit beginnen, uns selbst Vertrauen zu schenken. Wer sich übergeht, missachtet und verleugnet, befindet sich tatsächlich in einer emotionalen Zwickmühle.

Wir alle wissen, dass Veränderungen meist von Ungewissheit und Angst begleitet sind. Um die Komfortzone zu verlassen, braucht es Mut und Zuversicht. Wenn die momentane Situation auch an der Gesundheit nagt, einen nicht mehr zufriedenstellt oder nur noch belastend ist, ist es höchste Zeit, eine Entscheidung zu treffen. Der Mensch verträgt nur eine gewisse Anzahl von Warnschüssen; übergeht er die, hat das gravierende Folgen. Dass sie rückblickend heilsam sein können, tut hier nichts zur Sache. Jetzt braucht es einen Wandel und der beginnt bei dir. Unerwartete Einsichten und spontane Entscheidungen sind besser als streng durchdachte Lösungsstrategien. Vertraue dich dir selbst an und horch ins Leben hinein. Es gibt keinen besseren Lehrer.

Ich erinnere mich an eine Klientin, die starke Schmerzen im Bereich des unteren Rückens hatte. Bei der Untersuchung wurde ein schwerer Bandscheibenvorfall diagnostiziert, was die Ergebnisse der Magnetresonanztomografie (MRT) eindeutig zeigten. Da die Frau große Angst vor der Operation hatte, kam sie zu mir in die Praxis, um mich nach Rat zu fragen. Wir führten ein anregendes Gespräch, im Zuge dessen legte sie mir ihr ganzes Leben offen. Sie erzählte mir von ihren Schwierigkeiten in der Partnerschaft und von ihrem beruflichen Desaster. Ihre Arbeit belastete sie sehr und war, wie bei vielen anderen Menschen auch, nur Mittel zum Zweck. Diese Tätigkeit stand im vollen Kontrast zu dem, was sie gelernt und zuvor gemacht hatte oder ihren Fähigkeiten entsprach. Sie konnte nicht mehr aufrecht gehen und ihr Körper hatte bereits eine gebeugte Haltung eingenommen. Als ihre Mutter eines Tages nach einem Besuch wieder abreiste, trug sich Folgendes zu: Sie verabschiedeten sich am Bahnsteig. Während ihre Mutter bereits in den Zug eingestiegen war, hörte sich die Frau plötzlich sagen: »Morgen gehe ich nicht mehr arbeiten. Ich lasse mich krankschreiben und werde zu Hause bleiben!« Die Mutter sah sie verwundert an und sie selbst erschrak ob ihrer eigenen Worte, doch ihr Entschluss stand fest. Sie hatte keine Ahnung, wie es zu dieser Entscheidung gekommen war. Am nächsten Tag kündigte sie ihren Job und fuhr für einen Monat zu ihrer Schwester in die Schweiz. Dank ihres Arztes war sie in finanzieller Hinsicht über einen Zeitraum von drei Monaten versorgt und weitere drei Monate lang wurde sie von ihrer Familie unterstützt. Sie war in der Zwischenzeit schmerzfrei, wusste aber, dass sich die Operation nicht ewig aufschieben ließ.

Sechs Monate nach der letzten MRT ergab eine weitere Untersuchung dann jedoch, dass der Bandscheibenvorfall verschwunden war. Ihr Hausarzt vermutete, dass die MRT-Bilder vertauscht worden seien … doch Fehlanzeige! Etwas war geschehen. Sie hatte nichts unternommen, außer eine Entscheidung zu treffen, die sie innerlich und demnach auch äußerlich aufgerichtet hatte. Diese wurde auf der Basis eines spontanen Impulses gefällt. Spontaneität, die ein Aussteigen aus dem Hamsterrad veranlasste, war einfach so passiert.

Solche Begebenheiten erscheinen uns wie ein Wunder. Wenn der Mensch seiner inneren Stimme folgt und nicht gegen sein Empfinden arbeitet, stehen wundersame Dinge auf der Tagesordnung. Ein Wunder ist nichts Besonderes. Es ist ein Ereignis, das sich unserer Vorstellung entzieht. Alles, was man in Gedanken nicht nachvollziehen kann, wird entweder nicht ernst genommen oder als Humbug abgetan, weil wir unseren Verstand über alles stellen. Er leistet Großartiges und ohne ihn funktioniert Leben nicht – keine Frage. Das Leben aber funktioniert am besten, wenn wir ihn ausreichend schweigen lassen und der Stimme unseres Herzens in ein Reich folgen, das außerhalb der Sinne liegt.

Segensreich leben

Ich hatte ein segensreiches Leben und bewusstes Segnen begleitet mich bis heute. Segnen ist ein Türöffner. Wer es anwendet, wird es selbst erfahren und staunen. *Wie man mit Segnen sein Leben und die Welt verändert* lautet der Untertitel eines Buches, das ich über diese ausgesprochen wirkungsvolle Lebenshaltung geschrieben habe. Es ist überaus spannend und hilfreich, alles, was uns begegnet, was auf uns zukommt und uns umgibt, nicht nur zu segnen, sondern als Segen zu erachten. Es spielt eine große Rolle, wie wir auf Menschen und Situationen reagieren, mit ihnen umgehen und schlussendlich uns selbst begegnen. Kannst du behaupten, ein Segen für die Welt zu sein?

Segnen könnte auch als Ritual bezeichnet werden, da es sehr heilsam ist und sich positiv auf unser Umfeld auswirkt. Auch uns selbst kann es glücklicher und zufriedener machen, uns auf eine höhere Bewusstseinsebene anheben. Kaum vorstellbar, wenn allen Menschen bewusst wäre, dass alles, was ihnen widerfährt, ihnen zum Segen geschieht. Da kann man sich schon an den Kopf greifen und sich fragen, was an Krankheit, Tod, Jobverlust, Depressionen, Trennung oder finanziellen Sorgen segensreich sein soll. Der Verstand wird das niemals begreifen, weil ihm dazu die Weite fehlt. Auf den ersten Blick scheinen solch einschneidende Erlebnisse eher Fluch als Segen zu sein. Wer jedoch die Fähigkeit entwickelt, hinter die Fassade zu blicken, macht die Entdeckung seines Lebens. Ist es nicht so, dass die Sonne auch dann präsent ist, wenn sich Wolken vor sie geschoben haben? Müssen wir immer alles unbedingt sehen, um zu glauben und um zu vertrauen?

Den Gedanken Einhalt zu gebieten, innezuhalten, stillzuhalten, anzuhalten anstatt entgegenzuhalten, gibt dir den Halt, den du suchst. Nicht durchs Leben zu hasten, sondern auch mal zu rasten und stehen zu bleiben, es zu betrachten und auf sich wirken zu lassen. Ja zum Leben zu sagen und sich von dem, was sich ankündigt, überraschen zu lassen. Warum fällt es uns so schwer, die Dinge anzunehmen, wie sie sind? Das ist eine gute Frage, auf die ich noch einmal kurz eingehen möchte. Gutes begrüßen wir und wünschen es uns herbei, dem Schlechten gehen wir aus dem Weg und versuchen, es loszuwerden. Dieses Verhalten klingt logisch, aber es wird uns das Leben erschweren. Wenn alles seine Berechtigung hat, sollte auch alles von gleicher Bedeutung sein. Wir müssen uns nicht über eine Krankheit freuen und uns über einen Lottogewinn ärgern, sondern beiden Situationen mit Gleichmut begegnen. Sie gehören zu uns, deshalb sind sie geschehen, also nehmen wir sie als segensreich an. Sobald der Widerstand oder der Überschwang in Gelassenheit übergeht, passiert etwas in uns und in der Folge im Leben. Gegen Krankheiten anzukämpfen oder sie abzulehnen, kostet zusätzlich Kraft; und auch wenn wir es nicht mögen, uns angeschlagen zu fühlen, so können wir uns damit aussöhnen und im Einklang sein. Aber wie soll ich das aushalten, wie soll ich das ertragen?

Du musst nichts ertragen. Gib es ab. Übergib es dem Leben, so wie du dich ihm übergibst, und vertraue auf die Richtigkeit des Verlaufs. Es ist immer zu deinem Besten. Sollte es dennoch in den Tod führen, dann kann das für alle Beteiligten sehr schmerzhaft sein, aber es ist in Ordnung, so wie es ist. Da alles, das Gute und das Schlechte, seinen Sinn hat, ist es unabdingbar, eine Balance zu finden und mit den Gegebenheiten im Einklang zu sein. Es ist das Nichteinverstandensein, das uns das Leben erschwert, nicht das Leben selbst. Auch wenn wir etwas nicht gut finden, so können wir es gelten lassen.

Wenn dir eine Aufgabe überhaupt nicht liegt, erledige sie trotzdem gewissenhaft. Bemerkst du denn ihren Segen nicht? Sie wäre nicht bei dir gelandet, wenn sie dir nicht etwas zu sagen hätte. Je schneller du das begreifst, desto eher wird sie von einer anderen abgelöst. Es sind aber nicht immer nur wir, die sich schwertun oder bei denen sich etwas querstellt. Auch andere Menschen haben Sorgen. Warum setzt uns das so stark zu, wenn ein anderer ein Problem hat? Sicher wäre es schön, wenn unser Sohn oder unsere Tochter ein ausgewogenes Leben führen und sich rundum wohlfühlen könnte. Vielleicht schlagen wir sogar die Hände über dem Kopf zusammen und sagen zu unserem Kind: »Um Himmels willen, wie kann das sein?! Warum läuft bei dir alles schief? Warum machst du es nicht anders!«

Wer aber sagt, was schief und gerade ist? Ist es falsch, nur weil es nicht deiner Vorstellung entspricht? Weil du es anders willst? Jeder Mensch macht seine spezifischen Erfahrungen. Das Leben ist maßgeschneidert, wie du bestimmt schon erkannt hast, und es geht nie fehl. Ich habe so oft gehört, dass es anmaßend sei, wenn man den Menschen sagt, dass sie an ihrem Unglück selbst schuld seien. Um das ein für alle Mal aus der Welt zu räumen: Es geht hier nicht um Schuld. Der Mensch setzt durch sein Sosein, seine Sichtweise und seine Haltung, sein Denken und Handeln Ursachen, die Auswirkungen haben. Eines Tages wird sich diese Wirkung zeigen. Das ist aber kein Schuldprinzip, sondern ein geistiges. Die geistigen Gesetzmäßigkeiten, denen auch das Gesetz von Ursache und Wirkung untergeordnet ist, wirken im polaren Bewusstseinsfeld, in dem wir leben. Wenn es heißt, dass der Mensch seine Lebensumstände unbewusst verursacht hat, kann man nicht sagen, dass er schuld daran ist. So einfach ist das nicht. Der Verstand scheint nur schwer zu begreifen, dass wir mehr als der Körper sind. Auf Seelenebene gibt es keine Schuld. Im Leben könnte man dieses Wort auch durch die Begriffe »Rückwirkung« oder »Erfahrung« ersetzen. Jede Erfahrung ist ein Segen, auch wenn dies nicht gleich offensichtlich ist.

Die Schuld hat das schlechte Gewissen im Schlepptau und stellt ein wahres Hindernis dar. Verabschiede dich dauerhaft von Schuld, schlechtem Gewissen und allen weiteren Missverständnissen und Einbildungen. Halte sie nicht fest und entlasse sie aus deiner Erinnerung. Man sagt ja auch nicht, dass die Sonne schuld daran sei, dass hinter dem Baum Schatten fällt. Ja, sie verursacht ihn, doch weder mit Absicht noch ist sie sich dessen bewusst.

Segne alles und es wird dir zum Segen.

Segne die Krankheit, anstatt dir zu wünschen, gesund zu werden.

Segne die Sorgen, anstatt sie loswerden zu wollen.

Segne den Tag, ganz gleich, wie er beginnt.

Segne die Freude, weil sie dein Herz jubeln lässt.

Segne die Seele, die alle Lebewesen bewohnt und in allem schwingt.

Wie du schon weißt, verstärkt jeder Widerstand das Problem. Wer etwas loswerden will, erreicht mit dieser Haltung absolut nichts. Der Segen ist aber sehr wohl in der Lage, etwas zu verändern, weil du anstatt Ablehnung

Liebe in das Leben gibst, und es gibt nichts auf der Welt, was so stark ist wie sie. Du kannst die augenblickliche Situation durch dein Licht verändern, Licht tut nichts, es ist. Licht ist Einverständnis und Akzeptanz, Dunkelheit ist Ablehnung und Groll. Wofür entscheidest du dich?

Mit heilsamen Ritualen den Alltag versüßen

Wo soll ich beginnen? Starten wir zum Beispiel damit, den Tag hindurch immer wieder etwas zu segnen. Aber nicht, weil wir das wollen oder müssen, sondern weil wir tief in uns drin gewillt sind, ein gutes Herz haben und das Bedürfnis, dieses nach außen zu kehren. Das ist bei jedem anders ausgeprägt. Sollte es dir schwerfallen, frag dich nicht, warum es dir schwerfällt, sondern wie du dich der Sache annähern kannst. Mit welchem Verhalten oder Verständnis kannst du dich einer lebensbejahenden, freudvollen und offenen Lebenshaltung und Einstellung nähern?

Lass uns ein Zeichen setzen und Rituale zelebrieren. Machen wir jeden Tag zu etwas Besonderem, verlieren wir keine Zeit und geben wir unser Bestes. Anfangs ist es sicher von Vorteil, sich einem Ritual stets um dieselbe Zeit zu widmen. Ein guter Vorsatz bewirkt Wunder! Eine neue Gewohnheit zu etablieren, ist nur am Anfang schwer. Ganz schnell gewöhnt man sich auch daran und das neue Verhalten kann zur Routine werden.

Das Beste existiert ja in uns, also ist es möglich, dies nach außen zu kehren. Wir müssen unseren schönen Kern nicht in uns verschließen und das Lichtvolle zurückhalten. Das ergibt keinen Sinn. Wir alle haben Rituale, um bestimmte Ereignisse zu feiern. Im Zuge einer Hochzeit oder bei einer Geburt, beim ersten Schultag, an Geburtstagen oder bei einem Jubiläum lassen wir den Tag so richtig erstrahlen. Wir möchten, dass er unvergesslich bleibt, und setzen alles daran, ihn einzigartig zu gestalten. Warum machen wir das nur an diesen wenigen Tagen? Warum nicht den Alltag zu etwas Einzigartigem erklären? Wir können jeden Tag feiern und zu etwas Unvergesslichem machen. Und wenn jeder Tag besonders ist, müssen wir uns nicht an einen speziellen erinnern, um Freude künstlich zu beleben. Wir können die Freude jeden Tag aufs Neue erleben und in unseren Tagesinhalt miteinbeziehen. Wer es noch nicht schafft, bei der Arbeit, in Ausnahmesituationen oder bei Pflichtterminen ausgelassen zu sein und das Segensreiche in und um sich herum zu erkennen, beginnt damit, die Freude zwischendurch einzubetten. Er schafft sich Ruheinseln zwischen dem, was ihn ablenkt, bewegt oder aus der Fassung bringt.

Wir freuen uns die ganze Woche über auf das Wochenende. Na, wenn das mal gut geht. Was ist eigentlich mit den Tagen dazwischen? Auch der Montag, Dienstag oder Mittwoch und sogar der Donnerstag und der Freitag wünschen sich Aufmerksamkeit und verdienen Freude. Noch dazu sind sie in der Überzahl. Ein freier Samstag ist bei vielen ein Freudentag. Der Sonntag kann gar nicht mehr so richtig genossen werden, weil dann schon der lästige Montag wieder in den Startlöchern steht. Auch der Urlaub dauert nur zwei oder drei Wochen an und geht schneller vorbei, als es einem lieb ist. Ich habe jeden Tag meines Lebens als Urlaub angesehen und es auch wirklich so empfunden, weil ich meiner Arbeit mit großer Freude verbunden war und es auch heute noch bin. Ich mache jetzt natürlich um einiges weniger, aber ich freue mich jedes Mal darauf, etwas Neues auszuprobieren. Es ereilen mich viele Anfragen, und ich liebe es nach wie vor, Interviews zu geben. Außerdem finde ich es toll, körperlich noch dazu in der Lage zu sein. Ich hatte es schon angesprochen, dass man sich immer Menschen vor Augen halten sollte, die vieles nicht mehr tun können. Arbeiten zu dürfen und seinen Pflichten nachzukommen, ist eine wunderbare Haltung, die uns nicht nur Zufriedenheit gibt, sondern auch geistig fit hält. Bevor du weiterliest, frage dich, wie es dir mit deinen Aufgaben geht, die dir das Leben als Arbeit zugewiesen hat.

Es ist gut, bescheiden zu sein und anderen den Vortritt zu lassen, mit segensreichen Ritualen hingegen müssen wir nicht zurückhaltend sein. Ganz im Gegenteil! Hier können wir großzügig und verschwenderisch sein, denn was man gibt, kehrt zu einem zurück. So ist es auch mit dem Schenken. Wenn die linke Hand nicht weiß, was die rechte tut, und man frei von Erwartungen gibt, kommt es von Herzen. Wer aber berechnend ist oder Erwartungen hegt, braucht erst gar nichts zu geben, da diese Energie für keinen der Beteiligten segensreich ist. Auch Wortgeschenke haben eine große Wirkung und eine gute Energie, die dem Empfänger und Absender zugutekommen werden. Das Leben ist großzügig, wenn du es bist, und es hat noch niemals etwas von dir erwartet. Es ist unendlich freigiebig und sehr geduldig. Mach es ihm nach, es wird sich lohnen. Die Schenkenden werden beschenkt, den Nehmenden wird genommen. Letzteren bleibt die Fülle des Lebens verwehrt, die ihnen grundsätzlich zur Verfügung stehen würde. Sie tragen sie trotzdem in sich, so wie es jeder tut, auch wenn sie sich ihrer nicht bewusst sind. Demjenigen, der sich bemüht, den Gesetzen des Lebens nachzukommen, wird es an nichts mangeln.

Wie könnte ein Ritual im Alltag konkret aussehen? Hast du dich das auch schon gefragt? Beginnen wir bei den Morgenritualen. Wie startest du in den Tag? Springst du aus dem Bett und schlingst dein Frühstück hinunter, oder nimmst du dir Zeit, den Morgen zu begrüßen? Die indirekte Begrüßung beginnt schon mit dem Empfinden, das sich einstellt, sobald du die Augen öffnest. Die Verfassung, in der du erwachst, ist entscheidend. Dessen sind wir uns kaum bewusst. Wir sollten sie gezielt beobachten. Alles schwingt. Alles ist Energie. Jeder Mensch hat eine Ausstrahlung, die ich seit jeher als energetische Signatur bezeichne. Sie wird vom Leben als eine Art Anweisung verstanden und beeinflusst den Ablauf des Alltags. Nicht nur die Gedanken machen das, sondern dein ganzes Sosein! Wenn dein innerer Zustand oder deine Gedanken negativ sind, wird der Tag anders verlaufen, als wenn sie positiver Natur sind. Wenn das Leben deiner energetischen Signatur, ja deinem ganzen Sosein, folgt, ist es Grund genug, dein Verhalten, deine Haltung und dein Wirken nicht aus den Augen zu verlieren.

Jeder weiß, dass Wasser Informationen speichert und Wasserkristalle unterschiedliche Formen annehmen. Hardrock-Musik lässt die Kristalle zerreißen und sehr wüst aussehen, wohingegen sie bei klassischer Musik wunderschöne Formen, wie zum Beispiel Sterne, entwickeln und völlig harmonisch sind. An diesem Beispiel lässt sich aufzeigen, welche Auswirkungen harmonische oder disharmonische Schwingungen haben können. Die ganze Materie ist davon betroffen, nicht nur der Mensch. Man muss nicht verstehen oder wissen, um das nachzuvollziehen.

Auf welche Art und Weise du morgens erwachst, kannst du nicht planen, aber wie du dem Tag begegnest, bestimmst du. Dein Leben wartet auf deine Anweisungen. Ist dir das bewusst, bekommt auch das Wort »Verantwortung« eine völlig neue Bedeutung.

Guten Morgen, liebe Sorgen, seid ihr auch schon alle da? Beginne damit, dich zu beobachten: Wie sehen deine ersten Gedanken aus? Überkommt dich morgens ein flaues Gefühl oder bist du gut gelaunt und fröhlich? Rattert das Gedankenrad dort weiter, wo es vor dem Einschlafen aufgehört hat, oder ist es still? Das kann natürlich nicht allgemein beantwortet werden, man sollte es jeden Tag aufs Neue überprüft. Wenn du möchtest, leg dir ein Notizbuch neben das Bett, um deine Eindrücke festzuhalten. Wer sich nicht von seinem Handy trennen kann, spricht es auf den Voice-Recorder. Auch ein Kalender bietet sich an, in dem man sich Stichwörter notiert, um sie nach einer gewissen Zeit Revue passieren zu lassen. Dabei kann man auf wertvolle Erkenntnisse stoßen, die einen bewusster und achtsamer werden lassen.

Gehst du zu Fuß zur Arbeit? Fährst du mit dem Auto, mit dem Bus oder mit der Bahn? Das spielt eigentlich keine Rolle. Wie auch immer du zur Arbeit gelangst, überall lauern Möglichkeiten, die man nicht ungenutzt lassen sollte, wenn es um Rituale, Freundlichkeit oder Offenheit geht. Überall bieten sich Gelegenheiten, Menschen in die Augen zu sehen, sie anzulächeln, sie mit Worten aufzuheitern oder sie im Stillen zu segnen. Wenn wir Menschen segnen, geschieht das natürlich immer spontan, frei von Absichten und aus tiefstem Herzen. Um sich an diese neue Gewohnheit heranzutasten und sich mit ihr vertraut zu machen, kann man sein Vorhaben »planen«. Segnen ist Wohlwollen dem anderen gegenüber und niemals mit der Absicht behaftet, dem anderen Gutes zu tun. Überhebliches Gedankengut wie »Ich weiß, was für dich gut ist; mein Segen wird dir helfen!« läuft Gefahr, in Hochmut überzugehen. Wir können ja nicht wissen, was für den anderen bestimmt ist.

Lass ihn seine Erfahrungen machen, ganz gleich, ob du sie magst oder nicht. Sei unvoreingenommen und bewerte nicht. Dies sind weitere Schlüssel, die du unbedingt anwenden solltest. Liebevolle Empathie können wir allen und allem entgegenbringen. Dies ist nicht unbedingt mit einem Satz oder Gedanken verknüpft, der eine Wirkung entfalten soll, sondern eine offene Haltung dem anderen gegenüber. Es ist eine stille Form der Kommunikation, unsichtbar und intensiv. Sie zeugt von Respekt, Wertschätzung und Liebe. Eigentlich ist es mit einem Satz gesagt: Du ruhst in deiner Herzenskraft und bist als reine Liebe, als das Selbst, ein Segen für die Welt.

Erinnere dich an einen Moment, in dem du dich besonders wohlgefühlt hast. Vielleicht an einen Spaziergang in der Natur, wo du von den satten Farben beeindruckt warst, oder an einen Regenbogen, der dir für kurze Zeit ein Wohlgefühl beschert hat. An einen Moment, in dem du einfach frei von Gedanken ohne jeglichen Grund glücklich warst. Dein Herz öffnet sich und du fühlst dich mit allem eins. Auch das ist ein Segen. Aber auch ein Lächeln kann Wunder bewirken. Kein aufgesetztes, sondern ein inniges Lächeln lässt Herzen in Frieden aufeinandertreffen.

Beispielsweise wirkt sich beim Essen eine dankbare Haltung nicht nur auf das Gemüt unseres Gegenübers aus, sondern auch auf die Nahrung. Schon vor dem Essen, nämlich bei der Zubereitung der Speisen, sollten wir auf unsere Gedanken und Gefühle achten. All das schwingt in dem Essen mit, das du später zu dir nehmen wirst. Auch das Anrichten der Speisen sollte ein Ritual sein. Vor dem Essen kannst du dich kurz sammeln, innehalten oder einen Herzgedanken pflegen. Du kannst das Essen auch bewusst segnen, so wie du das mit dem Getränk und jedem Augenblick tun kannst. Stell dein Wasserglas auf ein energetisches Symbol und aktiviere es. In Gesellschaft tut ein wohlwollendes Nicken, das von einem warmherzigen Empfinden begleitet ist, jedem gut, nicht nur dir selbst.

Man sagt, dass man sich dem Essen voll und ganz widmen soll. Das wird als unnötig oder befremdend angesehen, während der automatische Griff zum Handy, zur Zeitung oder zur Fernbedienung bereits zur Routine geworden ist. Es geht nicht um ein Verbot oder eine Predigt dahin gehend, was du tun darfst und was nicht. Es geht darum, Menschen zu sensibilisieren, damit sie über ihre Gewohnheiten und ihr Verhalten nachdenken und sich bewusst werden, wie sich alltägliche Gewohnheiten auf ihr Leben und ihr Empfinden auswirken können. Auch schlechte Gewohnheiten sind als Rituale anzusehen, sogar wenn sie bereits automatisiert sind. Die Idee, sich beim Essen vollkommen auf ebendieses zu konzentrieren, ist also keine Regel oder Strafe. Es ist ein leiser Fingerzeig, dir Gutes zu tun. Es geht nicht darum, etwas zu befolgen, es geht um eine bewusste erwachsene Haltung.

Womit wir uns während einer Mahlzeit beschäftigen, das nehmen wir energetisch zu uns oder besser gesagt in uns auf. Wenn du dir während des Essens die neuesten Nachrichten über Familiendramen und Katastrophen anschaust, ist das nicht ganz so harmlos, wie man denken mag. Ich weiß nicht, ob das Essen wirklich bekömmlich ist, wenn ich mir negativ besetzte Energiefelder einverleibe. Reichen nicht die Nachrichten und Zeitungen aus, die wir ohnehin schon konsumieren?

Ich spüre, dass mir das Essen besonders guttut, wenn ich es still zu mir nehme, es mit allen Sinnen genieße und dabei einen Blumenstrauß oder eine Kerze vor mir sehe. In der Gemeinschaft scheint ein stilles Essen eine große Herausforderung zu sein. Der Redezwang ist eine verbreitete Gewohnheit, und nichts zu sagen eine echte Kunst. So sagt man oft etwas Unüberlegtes oder Beiläufiges, weil man sich durch das Schweigen in seiner Haut unwohl fühlt. Ich hatte früher auch zig Gedanken im Kopf, wenn diese unangenehmen Gesprächspausen eingetreten sind. Diese wollten mich ständig dazu bringen, etwas zu sagen; und das Gehirn bemühte sich angestrengt, die richtigen Worte zu finden. Ich war wirklich froh, wenn dann jemand anderes etwas gesagt hat. Hat man dieses Spiel durchschaut, kommt irgendwann der Zeitpunkt, wo man darüber hinweggehen kann. Alles eine Frage der Zeit und des disziplinierten Beobachtens, und auch das kann als Ritual angesehen und gepflegt werden.

Die Stille kitzelt so manches hervor. Es ist wie verhext; immer wenn wir zur Ruhe kommen oder wenn es still in uns wird, drängen Schattenseiten nach oben. Wer will sich schon damit auseinandersetzen? Weil man es nicht gut aushalten kann, geht man meist zu einer Ablenkung über. Dies sollte man vermeiden.

Wohlwollende Rituale haben immer und überall Platz. Man muss nicht bewusst etwas tun, denken oder fühlen, sondern einfach mit sich und dem Umfeld im Reinen zu sein. Auch das ist heilsam. Dies geschieht, wenn wir in unserer Mitte sind. Losgelöst und entspannt tauchen wir in eine Atmosphäre ein, die sich ausdehnt und überträgt.

Am Abend lädt uns der Sonnenuntergang zum Runterkommen ein. Wir können in unsere Innenwelt abtauchen und beim Abendessen, bei einem guten Buch, einer Meditation, einem Spaziergang, bei Yogaübungen oder vor dem Einschlafen unsere Herzenskraft bewusst spüren und entfalten. Der Körper liebt den Rhythmus und gibt dir einen vor. Seinen Rhythmus zu finden, ist somit keine schwere Aufgabe, sondern etwas, was bereits gegeben ist. Mit ein wenig Einfühlungsvermögen spürst du, was du jetzt brauchst und was zu tun ist. Wenn der Körper stets um dieselbe Zeit sein Frühstück bekommt, fühlt er sich wohl. Essen, das zu unterschiedlichen Zeiten stattfindet, mag der Körper nicht so gerne. Deshalb empfiehlt es sich, sich an gewisse Abläufe zu halten, die einem guttun.

Finde deinen Rhythmus, und wenn du ihn lässt, wird er sich ganz von selbst einstellen. Hat er sich erst einmal eingependelt, werden auch Rituale ihren Weg finden. Wenn du vor dem Einschlafen regelmäßig ein Buch liest, wirst du merken, dass es dir fehlt, sobald du es weglässt. Und auch der Körper macht sich sofort bemerkbar, wenn du deine täglichen Körperübungen versäumst.

Mich begleitet beispielsweise das Trampolin seit Jahrzehnten und hält mich fit. Es ist Teil meines Lebens geworden und ich könnte es mir nicht wegdenken. Regelmäßigkeit ist etwas Schönes, da sie uns Vertrautheit schenkt. Ich liebe Disziplin, weil ich es nicht als Pflicht ansehe. Es ist etwas, das ich für mich tue, und zwar beständig. Du siehst also, dass jedes Wort Interpretationssache ist. Jeder verbindet etwas anderes damit, etwas, was aus seinem Erfahrungsschatz stammt. Wenn du als Kind in die Kirche gehen musstest und unschöne Erinnerungen daran hast, könntest du dem Wort »Gott« gegenüber eventuell eine Abneigung haben. Hast du solche Erfahrungen nicht gemacht, dann wird dieses Wort für dich neutral sein, weil du keine Assoziationen dazu hast. Wie schön es ist, unbelastet und ohne Vorbehalte zu sein! Das suchen wir uns aber nicht aus, es hat mit unserer Vergangenheit zu tun.

Was den einen anspricht, lehnt ein anderer ab. Was für den einen Entspannung bedeutet, kann für den anderen belastend sein. Wähle deine Rituale sorgfältig aus. Es bringt nichts, etwas zu tun, was gesund oder gut sein sollte, wenn man es freudlos tut. Es gibt absolut nichts, was für alle Menschen gut ist. Was dem einen geholfen hat, war für ihn bestimmt und nicht für dich. Gehe deinen eigenen Weg! Diesen Schlüssel habe ich dir schon in ähnlicher Form ans Herz gelegt. Er bewirkt Wunder und steht für Wahrhaftigkeit. Lass los, was nicht zu dir gehört, und finde deinen eigenen Rhythmus.

Auch ein Wortgeschenk an dich selbst ist ein schönes abendliches Ritual. Das kann ein Satz aus einem Buch sein, der zu dir spricht, oder ein Zitat, das dein Herz berührt. Auch Gebete sind sehr wohltuend. Sie haben nichts mit Religionen zu tun, auch wenn der Verstand zu solchen Interpretationen neigt. Wenn du diese harmonische Energie in den Schlaf mitnimmst und sie dich beim Aufwachen in den Tag begleitet, wirst du sehen, dass dies eine positive Auswirkung auf dich und deinen Alltag ausüben wird.

Rituale geben uns vieles, vor allem Halt. Feste feiern, Ostereier bemalen oder Weihnachtsplätzchen backen sind auch Rituale, die stets wiederkehren und uns ein vertrautes Gefühl schenken. Einmal am Tag meditieren, ein Mandala ausmalen, an einem Puzzle tüfteln, Tagebuch schreiben, an einem Jahres-Fotoalbum basteln, Briefe von Hand schreiben oder Postkarten ausschmücken, hinter all dem steckt viel mehr als ein Hobby oder eine Leidenschaft. Ganz schön altmodisch, aber vor allem zufriedenstellend.

Jeder Tag sollte kleinere oder auch größere Auszeit- und Wohlfühlmomente beinhalten. Schaffe dir ein genussvolles Leben und entschleunige es. Sobald Druck und Anspannung spürbar sind, tauche ab in deine Tiefen und lass all die Turbulenzen für einige Minuten hinter dir. Mach das, wonach dir ist, zelebriere Wellness für die Seele.

Die Seele ist einzigartig. Sie ist nicht greifbar, zart und verletzlich wie du. Entwickle Sanftheit und sei geduldig mit dir und dem Leben. Wenn du eines Tages so wie ich auf das Leben zurückblickst, soll es dir ein Lächeln ins Gesicht zaubern. Kein Tag soll vergeudet werden. Nutze ihn.

Wann auch immer du etwas wirklich tun willst, zögere nicht, denn der eine Moment kommt nie wieder zu dir zurück. Es gibt keinen Grund zur Sorge, wenn du im Vertrauen lebst, dass alles seine Richtigkeit hat. Und wenn es mal ungemütlich wird, denk daran, dass alles vorübergeht. Nur das Leben geht weiter, ein ewiger Kreislauf, der dem Lauf der Liebe folgt.

Mein Ritual – Morgensegen:

Mein Ritual für zwischendurch:

Mein Ritual – Abendsegen:

Über den Autor

Kurt Tepperwein wurde 1932 in Lobenstein geboren. Viele Jahre war er als erfolgreicher Unternehmer und Unternehmensberater tätig. 1973 zog er sich aus dem Wirtschaftsleben zurück, wurde Heilpraktiker und Lebenslehrer. Seitdem befasst er sich mit den großen Fragen des Lebens und widmet sich bis heute der Bewusstseinsforschung. Er lebt mit seiner Lebensgefährtin im Süden Deutschlands.

Wegweisende Informationen über das Mental-, Intuitions- und Bewusstseins-Training sowie weitere Ausbildungen und Heimseminare von Kurt Tepperwein finden Sie im Internet unter www.iadw.com oder erfragen Sie unter der E-Mail-Adresse go@iadw.com.